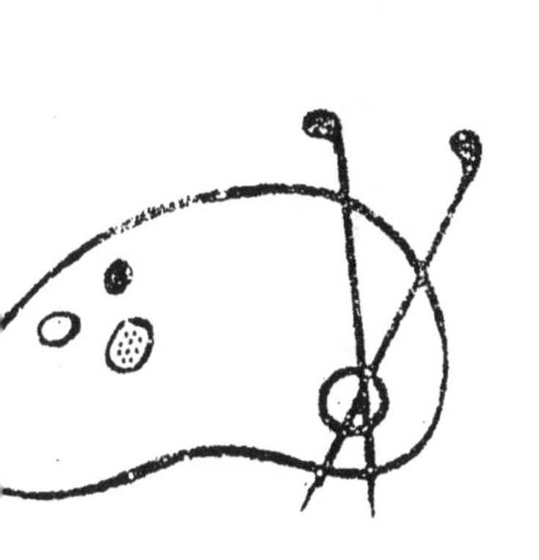

Début d'une série de documents en couleur

Texte détérioré — reliure défectueuse

NF Z 43-120-11

8° Y2
9056
BIBLIOTHÈQUE UNIVERSELLE
AVENTURES ET VOYAGES
LOUIS NOIR
LE
COUPEUR
DE TÊTES
TOME I
25 CENTIMES
LIBRAIRIE DES PUBLICATIONS
à 5 centimes
34, RUE DE LA MONTAGNE-SAINTE-GENEVIÈVE, 34
PARIS
30 Centimes le volume rendu franco dans toute la France
et les pays compris dans l'Union postale.

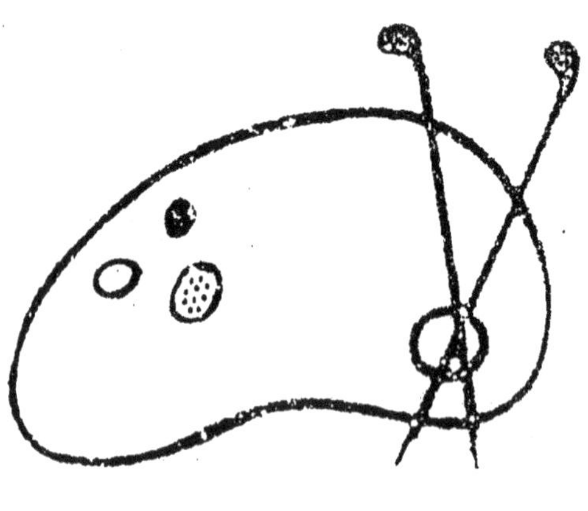

Fin d'une série de documents
en couleur

PETITE BIBLIOTHÈQUE UNIVERSELLE

LE COUPEUR DE TÊTES

PAR

Louis NOIR

TOME PREMIER

PARIS
LIBRAIRIE DES PUBLICATIONS A 5 CENTIMES
42, RUE JACOB, 42

LE

COUPEUR DE TÊTES

Première partie.

I

Où il est parlé d'une piste extraordinaire rencontrée dans une forêt par le père Antoine. — Où l'on trouve de bien jolies choses sous la robe de Jeannette, etc.

Les vieux châteaux s'en vont.

Les uns s'écroulent, et personne ne relève plus leurs murs ruinés; les autres sont démolis par des spéculateurs enrichis qui ont le mauvais goût de préférer une villa dans le style moderne, aux manoirs du moyen âge: d'autres enfin sont réparés tant bien que mal ; et l'on voit des donjons féodaux déshonorés par des replâtrages inintelligents qui jurent avec l'ensemble de l'édifice.

Le château de Lavery, l'un des plus imposants du Berry, avait subi une de ces ineptes transformations.

Jadis majestueux, solennel, il était devenu, à l'époque où ce drame commence, mesquin, amoindri, hideusement accouplé qu'il était avec un lourd pavillon, conception barbare d'un architecte béotien, incapable de comprendre les lois de l'harmonie.

Autrefois ce magnifique édifice couronnait le plus beau site du Berry ; à cette heure, il gâtait un paysage pittoresque, bien déchu du reste de son ancienne splendeur.

Au temps des Lavery, comtes et barons fameux dans l'histoire de nos guerres civiles, une vaste forêt, couverte de hautes futaies, descendait des flancs escarpés d'une colline abrupte ; mais les grands arbres en avaient été abattus et les massifs semblaient décapités.

Un Vandale avait passé par là.

On comprenait instinctivement que les Lavery avaient cessé d'être maîtres de ce domaine qui n'avait plus rien de seigneural ; la vie manquait à ces vastes bâtiments autrefois pleins de bruits ; l'abandon était visible ; plus d'animation, de gaicté, de serviteurs nombreux.

Dans le château, le silence.

Dans le pavillon moderne, le calme.

Un vieux garde et une jeune paysanne, causant sur le pas d'une porte, composaient tout le personnel de la maison, triste déchéance !

Le garde était un ancien soldat d'aspect rude et qui semblait devoir être dur aux braconniers et aux maraudeurs ; on l'appelait le père Antoine. La jeune fille, qui se nommait Jeannette offrait avec lui un contraete complet ; dans les villages voisins, on jasait sur son origine peu connue ; on la trouvait trop distinguée pour une cuisinière.

Car Jeannette était cuisinière.

Mais quelle jolie ! quelle délicieuse ! quelle ravissante cuisinière ! On eût dit d'une petite duchesse déguisée en bergère pour jouer quelque champêtre opérette.

Et d'abord un pied d'enfant perdu dans un petit soulier où il était trop à l'aise pour qu'on pût juger de sa tournure ; mais, sous le jupon, retroussé par mégarde, le tissu grossier d'un bas bleu dessinait une adorable cheville et une naissance de mollet qui jetait des éblouissements aux regards assez bien avisés pour se porter là.

La robe pleurait de la ceinture au genou qui pointait, riche en piquantes révélations et trop délicat pour n'être pas l'indice d'une exquise pureté de formes, clairement indiquées du reste sous les plis indiscrets de l'étoffe.

La main brunie avait des ongles roses effilés et si miraculeusement transparents que les paysans d'alentour prétendaient assez poétiquement qu'ils étaient de verre ; quant aux doigts, ils avaient cette configuration psychique, si rare au village, voire à la ville ; vrais doigts d'artiste, souples, affinés, élégants, dont chaque jointure se creusait en une fossette qui semblait appeler les baisers discrets.

La tête blonde, vaporeuse, idéalisée, semblait être l'incarnation d'un rêve ; les bandeaux dorés d'une soyeuse et opulente chevelure l'encadraient chastement, puis se tordaient en tresses luxuriantes qui flottaient jusqu'au-dessous de la ceinture.

Au milieu du visage mélancolique et doux, brillaient discrètement deux grands yeux bleus, tendres, limpides, empreints d'une tristesse songeuse, que ne démentait point le sourire allangui d'une bouche mignonne faite pourtant pour les chansons et contrastant par sa galante tournure avec la virginale expression des traits.

Mais quelque profond chagrin, caché dans les replis du cœur, fermait cette bouche fraîche aux expansions de la joie.

Avec son front pur, ses joues au galbe

antique, son nez au type grec légèrement modifié par un développement tout gaulois des narines, avec son menton délicatement ciselé et terminant merveilleusement l'ovale suave de cette tête d'ange, avec toutes ces divines perfections d'une petite madone, Jeannette n'avait de sensuellement féminin dans sa pâle physionomie que ses lèvres ardentes.

Le buste était en quelque sorte la reproduction charnelle d'une déesse de marbre telle que nous en ont léguées les grandes époques de la sculpture.

Un corsage de droguet accusait déjà et la gorge naissante et les ondulations serpentines des hanches dont les contours avaient les grâces harmonieuses de ces statues de la Renaissance, dans lesquelles le ciseau de l'artiste voilait la volupté des formes sous la longueur des lignes.

Jeannette était arrivée à cette heure fugitive de la vie des jeunes filles, où la nature a des indécisions adorables ; de même que la rose à peine épanouie cesse d'être un bouton charmant, sans être fleur encore ; de même Jeannette n'était plus une enfant, car elle avait dans la mate carnation de son teint une mobidesse grosse de révélations et ses yeux se voilaient parfois d'une langueur qui décelait les aspirations d'un cœur tourmenté par de vagues désirs; mais, piquante opposition, gestes, regards, sourires et pose, restaient candides, prouvant sa pudique ignorance; elle avait ces étonnements effarouchés, ces alarmes subites, qui donnent aux adolescences féminines un effarement craintif, dont sont si friands les raffinés d'amour.

Telle était la jolie fille qui causait avec le garde Antoine.

La soirée était tiède; une soirée de juin pleine de parfums et de lumière.

La jeune fille, assise devant la façade de la maison, respirait les fraîches senteurs qu'apportait la brise passant par-dessus la forêt.

Elle tenait en main un de ces tricots que fabriquent excellemment les femmes du Berry; mais les doigts travaillaient machinalement; la pensée était ailleurs.

La petite paysanne, écoutait en souriant d'un air incrédule, les propos de son interlocuteur; non que le vieux garde à la trogne bourgeonnée lui contât fleurette, mais il affirmait de si étranges choses que la jeune fille refusait d'y ajouter foi, malgré les explications réitérées et la ténacité de l'homme qui narrait un fait dont il avait été témoin.

— Quand je vous dis, Jeannette, répétait le garde, qu'il y a quelque chose de louche dans la forêt; qu'elle est pleine de bohémiens, dont j'ai relevé les traces sous bois.

— Allons donc, père Antoine, répondait la jeune fille ; vous êtes fou ! Il n'y a point de voleurs dans le pays, vous le savez aussi bien que moi.

— C'est vrai que la contrée est honnête, fit le garde, et que la gendarmerie n'y a pas *grand'chose* à faire ; mais mon chien a aboyé sur une piste, en hérissant son poil, et cette piste-là, voyez-vous, Jeannette ! ce n'est pas celle d'un brave garçon ; j'ai vu sur le sable de la tranchée une allongée de pas singuliers, — quand je dis une, c'est quinze ou vingt que je devrais dire, — ils sont au moins ça, les gueux !

— Tous les jours les bûcherons vont au bois ; vous vous effarouchez d'un rien.

Ça n'est pas un pied de bûcheron qui marque de cette façon-là !

« Imaginez-vous que les brigands, car pour des brigands, c'en est, sont chaussés avec des espèces de pantoufles ; probablement pour ne pas faire de bruit, et... »

La jeune fille, fatiguée des contes du père Antoine, se leva brusquement et rentra dans le pavillon sans mot dire, se contentant de hausser les épaules.

Le garde n'en parut point surpris.

— Toujours la même, cette Jeannette, fit-il ; douce comme du lait d'ordinaire, et, par moment, sauvage comme une biche. On lui cause tranquillement; elle vous écoute de même; elle vous répond. Puis tout d'un coup, crac, la porte au nez! La voilà partie sans qu'on sache quelle lubie lui a passé par la cervelle, à cette enfant!

Et en manière de réflexion :

— Drôle de petite fille tout de même.

Sur ce, le père Antoine prit une prise, fit demi-tour et entra dans une petite maisonnette à lui réservée; il s'y munit d'un fusil à deux coups, chargé à balles, mit son couteau de chasse à sa ceinture, siffla son griffon et s'éloigna en murmurant entre ses dents :

— Je n'ai pas la berlue; je sais ce que je dis; jamais Antoine n'a pris une vessie pour une lanterne; il y a des brigands en forêt et je m'en vais leur dire deux mots. C'est fâcheux que monsieur ne soit pas là; je voulais le prévenir; mais Jeannette l'avertira.

Et il s'enfonça dans le bois après avoir visité consciencieusement les amorces de son fusil.

A une demi-lieue du château, son griffon s'arrêta tout à coup...

Le père Antoine étouffa un cri de surprise et se jeta dans le fourré, il avait vu...

II

Où l'on voit entrer en scène un homme qui donna bien du fil à retordre à la justice.

Jeannette, en rentrant, s'assit sur un escabeau de bois et se mit à rêver, elle n'entendit point la porte s'ouvrir derrière elle et livrer passage au régisseur du château, une sorte de paysan, vêtu en bourgeois, qui cligna de l'œil d'une façon significative en regardant la petite cuisinière.

Certes, ce rustre, qui laissait à l'office un trésor pareil à cette jeune fille dont nous avons buriné le portrait était un sot, n'ayant pas le moindre sentiment des égards dus aux chefs-d'œuvre de la nature ou de l'art; à moins que, calcul profond, il ne tînt à cacher cette jolie fille au fond d'une cuisine, pour quelque secret motif. Car il paraissait l'apprécier.

Il était là, convoitant ces richesses, non en fin connaisseur qui apprécie chaque détail, mais en brute qu'affamait le plaisir et que surexcitait un ensemble frappant ses appétits sensuels, sans rehausser la passion par les enthousiasmes que la beauté inspire aux natures élevées.

Il regardait... Il haletait...

Son œil brun avait cet éclat grossier que ternissent et le gonflement des paupières et les filets de sang dont s'injecte la prunelle des cuistres d'un certain tempérament, quand ils sont secoués par un flot de sang leur montant au cerveau.

Il avança lentement, sur la pointe de ses énormes pieds, arriva jusqu'à Jeannette toujours perdue dans son rêve, et se penchant sur son col y déposa un baiser gluant qui laissa une bavure immonde sur le satin de la peau.

La jeune fille fit un bond, poussa un cri, se retourna indignée, puis resta muette de stupéfaction en reconnaissant le régisseur du château.

Celui-ci interpréta cet étonnement à son avantage.

— Viens çà, Jeannette, ma petite, dit-il, en cherchant à lui prendre la main; nous avons à causer tous les deux et tu seras bien surprise quand tu sauras de quoi je veux te parler.

Il l'attirait à lui.

Elle, sans répondre, se dégagea brusquement et, leste comme une biche effarouchée, se sauva à l'autre bout de l'office, près de la fenêtre.

Le régisseur s'approcha souriant en homme sûr du succès, et, comme elle étendait les bras pour le repousser, il lui dit, noyant sa phrase dans un sourire béat :

— Là ! n'aie donc pas peur, petite ; on ne refuse pas d'embrasser son prétendu !

Evidemment le régisseur comptait sur un grand effet ; il le produisit, mais point tout à fait dans le sens qu'il espérait.

Au lieu de rougir de joie, Jeannette pâlit et chancela ; puis s'appuyant d'une main à un bahut, l'autre pressée contre son cœur qui battait à rompre.

— Son prétendu ! s'écria-t-elle.

Le régisseur se trompa sur la signification de cette exclamation ; il n'y vit que de l'étonnement.

— Oui, Jeannette, répéta-t-il, oui, ma belle, je veux t'épouser ; tu as seize ans révolus et tu es en âge pour prendre un mari ; dans un mois, tu t'appelleras madame Billote, gros comme le bras ; c'est çà qui va étonner les filles de Précy !

Jeannette se taisait.

Les yeux baissés, cherchant à se remettre, elle garda un silence assez long qu'elle rompit pour s'écrier avec une brusque explosion de mépris et de résistance.

— Moi ! Votre femme !

Malgré la répulsion qui éclatait dans le ton dont ce fut dit, le régisseur conserva son illusion :

— Oui ! toi ! dit-il. Ça te surprend,

n'est-ce pas ? Mais je t'ai appréciée et tes bonnes qualités m'ont décidé à te prendre pour ménagère.

Elle fit un geste indigné.

Près d'elle, était pendu au mur un tout petit miroir qui lui renvoyait sa jolie figure par-dessus l'épaule du rustre ; il se passa en quelques secondes une scène muette et singulière ; elle se regarda pendant un instant, se vit belle, radieuse et se sourit ; puis son regard tomba sur ce mari qui se présentait et un sentiment d'invincible répulsion se peignit sur son visage.

Le régisseur était un gros homme trapu et pansu, suintant le suif par tout les pores ; un vrai porc à l'engrais ; le col gras débordait le paletot ; la bedaine crevait le gilet ; les joues pendaient lâchement ! et, sous la peau, la bile jaunâtre s'étalait par larges plaques.

Une expression populaire d'une énergie et d'une vérité saisissantes : paquet de couenne ! peignait le régisseur d'un trait.

Rien de plus odieux pour une fille aux instincts délicats que cette masse de chair aux émanations rances ; mais à la répugnance physique se joignait l'incompatibilité morale.

La tête de cet homme avait un caractère odieux.

Le front large était puissant, mais bas et

déprimé ; ces fronts écrasés qui regagnent en étendue ce qu'ils perdent en hauteur, dénotent des natures fort dangereuses, capables d'appliquer au vice une profondeur d'intelligence inouïe ; non de cette intelligence claire, lucide, nette, mais de celle qui est faite de ruses, d'embûches, de dissimulation, de fraude et de ténébreuses combinaisons.

L'œil était vulgaire, sans éclat au repos, étincelant sous le feu du désir ; le nez épaté à la base était pourtant busqué au milieu de sa courbure ; ayant ce double caractère de la rapacité et de la débauche.

Sur des lèvres épaisses lippues, toujours corrodées par un souffle fiévreux, jetez un sourire bête de paysan gonflé d'amour-propre, mais marquez les coins de la bouche d'un rictus féroce et vous avez le portrait complet d'un homme qui offrait (car ce drame est malheureusement trop vrai) un mélange bizarre de force et de couardise, d'énergie et de faiblesse, de génie et de sottise, d'ambition folle et de platitude d'esprit.

Du reste, mi-paysan et mi-bourgeois, il avait du campagnard tous les vices, sans ses vertus : avare, sordide, rampant devant la puissance, bouché à toute jouissance artistique, obtus pour les choses de l'esprit ; d'autre part, s'étant frotté aux citadins, il avait pris leurs défauts, sans leurs qualités: il s'habillait comme eux, mais ne changeait de costume que tous les cinq ans; il portait le paletot avec des mains crasseuses et des cheveux incultes; il était arrogant, suffisant, bouffi d'orgueil comme une outre est gonflée d'air.

La lecture d'un journal politique et quelques relations avec des gens bien élevés lui avaient ouvert certaines perspectives et inspiré une soif effrénée de richesses et d'honneurs; mais si, par échappées, s'ouvrait devant lui de vastes panoramas, s'il avait de grandes idées, c'était seulement sur certains points de l'horizon intellectuel; le reste échappait à son regard borné. Sans instruction, sans éducation, il avait des visées très hautes, les moyens de les réaliser, et il était resté rustre.

Lorsque de pareils hommes, sortant de leur sphère, se lancent dans quelque grande entreprise, ils étonnent par la rapidité de leur transformation; fouettés par une sorte de rage qui les enivre et les lance à corps perdu, ils jettent qui les a connus dans la stupéfaction, par leurs audaces, leurs succès rapides et l'insolence de leur fortune.

On a vu de ces sortes de gens s'élever subitement, combiner les scélératesses les plus hasardées, les faire réussir et, retranchés derrière leur million comme en un fort, y braver l'opinion, la loi impuissante, les vengeances désarmées.

Tout homme de cette trempe a besoin d'une première base pour s'élever, d'un tremplin pour bondir; depuis longtemps le régisseur travaillait patiemment à jeter les fondements de sa fortune.

En deux mots, voici les antécédents de ce coquin que plus d'un soupçonnait d'être un misérable, malgré l'isolement où il se cantonnait, mais que personne n'eût cru capable de hautes visées.

Il était le frère de la dernière comtesse de Lavery qui, avant son mariage, était une paysanne, mais une paysanne de la tournure et de la valeur de Jeannette, une paysanne digne de ceindre son front d'une couronne de comtesse; M. de Lavery, du reste, en avait jugé ainsi.

On disait que la jeune fille, élevée au château, n'était point la fille du bonhomme dont elle portait le nom; que du côté paternel, elle avait une illustre origine, dissimulée par un mariage avec un petit fermier qui avait consenti à fermer les yeux sur le passé; bref, il y avait là un mystère de famille.

Le comte avait épousé cette jeune fille, sœur aînée du régisseur, simple paysan alors, depuis intendant du château.

M. de Lavery et sa femme moururent du

choléra à deux jours d'intervalle, en 1832, laissant deux orphelins : un fils et une fille. Leur oncle Billotte devint leur tuteur.

Il fit élever la petite fille loin du château, par une nourrice, et il garda le garçon près de lui ; mais un jour ce dernier disparut sans qu'on pût le retrouver ; il avait profité du sommeil de son oncle, lourd sommeil d'ivresse, pour le ficeler comme un saucisson et le battre à outrance.

La justice informa.

Il parut résulter des témoignages unanimes de la domesticité, que Raoul de Lavery était un enfant au caractère indomptable, qu'il avait des vices précoces que son tuteur avait en vain cherché à étouffer ; enfin, il fut démontré que le pauvre M. Billote avait eu bien du fil à retordre.

Quant au jeune comte, on suivit sa trace hors du château pendant quelques lieues, puis on la perdit.

Impossible de savoir ce qu'il était devenu, et jamais on n'avait eu de ses nouvelles.

Quant à sa sœur, on s'en occupa aussi et le bon M. Billotte fournit les reçus d'une maison d'éducation parisienne, qui lui donnait quittance des frais que nécessitait l'éducation de l'enfant, alors âgée de trois ans ; la maison était tenue par des religieuses, elle avait la meilleure réputation et l'on ne trouva rien à redire aux dispositions prises par le tuteur.

Depuis, les années s'étaient écoulées.

Billotte s'était peu à peu établi en maître au château, dont il avait renvoyé les vieux serviteurs le lendemain de son installation ; il administra les biens de ses pupilles de façon à en tirer, pour lui, le plus de profit possible et il se tailla, dans le domaine de Lavery, une fortune considérable.

On s'était accoutumé, du reste, à le considérer comme le seigneur du lieu ; et l'on avait oublié le jeune comte que l'on croyait mort, et sa sœur qui, toujours au couvent, n'avait jamais paru au château.

Elle devait, comme Jeannette, avoir quinze ans.

Billotte, en somme, était bien tranquille.

Le château et le domaine, loin de tout voisinage, étaient à l'abri de toute curiosité indiscrète ; personne ne s'enquérait des faits et gestes du régisseur.

Il y avait bien quelques parents éloignés ; mais, pour différents motifs, on ne les avait jamais vus.

Et voilà comment maître Billotte avait pu tailler et rogner à l'aise dans la forêt, vendant très-cher en sous-main les beaux arbres, qu'il cédait ostensiblement à vil prix ; trouvant, pour les récoltes, des acquéreurs qui payaient en apparence une voiture de grains deux cents francs et en comptaient six cents à M. le régisseur du château.

Comment ce drôle en était-il venu à proposer sérieusement le mariage à Jeannette, la petite cuisinière qu'il avait toujours assez rudement traitée, c'est ce qui eût semblé bien étrange à ceux qui le connaissaient!

Il se voyait sûr d'une réponse favorable, et il était repoussé.

L'affront le froissa.

Puis, peut-être, tenait-il essentiellement à ce mariage, car il eut un mouvement de dépit violent.

— Eh! fit-il, tu n'as pas l'air de m'aimer beaucoup, petite; pour une laveuse d'assiettes c'est pourtant un bon parti que le propriétaire d'un château, d'une ferme, de trente hectares de terrain et d'une forêt immense!

Il en était venu à croire tout cela sa propriété; mais la fillette combattit cette illusion.

— Cela ne vous appartient pas, monsieur Billotte, dit-elle résolûment et en face.

— Bah! fit-il d'un air dégagé, c'est comme si c'était à moi. J'en ai encore l'administration pour longtemps et j'ai même lieu de croire pour toujours.

Il se frotta les mains en homme sûr de

son fait et escomptant un avenir certain ; une phrase de Jeannette lui causa pourtant une surprise désagréable.

— Et si M. Georges venait? dit-elle.

Le régisseur leva la tête en homme qui reçoit un coup inattendu ; Jeannette n'était au château que depuis six mois, et il ne la croyait point instruite de certaines particularités ; il fut vivement contrarié, surtout quand elle ajouta :

— Il est majeur, M. Georges !

— Qui t'a dit cela ? demanda-t-il l'œil brillant et le poing crispé de colère.

— Je sais et ça suffit, répondit-elle, que M. Georges est parti parce que vous étiez un méchant tuteur.

— Moi ! s'écria-t-il.

— Oui, vous !

— Tu mens.

— Que non, que non, monsieur.

— On t'a fait de faux rapports !

Jeanne trouva un argument écrasant.

— Alors, si vous étiez bon, pourquoi est-il parti à l'âge de douze ans?

Le régisseur ne trouvait pas un mot.

— Pauvre M. Georges, continua Jeannette, il s'est bien vengé de vos méchancetés ; il est parvenu à vous attacher, à vous bâillonner et à vous battre !

Le régisseur crispa les poings.

— A vous battre, insista-t-elle, pendant

plus d'une heure, et il vous a laissé noir de coups.

— Un ingrat ! Un misérable qui avait des vices dont je voulais le corriger, gronda le régisseur.

— Vous le frappiez comme un chien de chenil, lui, l'héritier d'un grand nom !

— Je suis son oncle.

— Si peu ! dit Jeanne avec ironie.

Ce mot parut impressionner maître Billotte.

Il réfléchit assez longuement, puis brusquement :

— Ah ça, dit-il, pourquoi soutiens-tu ce garçon-là, Jeannette ? Tu as tes raisons.

— D'excellentes ! dit-elle.

— Peut-on les connaître ?

— Pas encore.

— Pourquoi ?

— Parce que j'ai des motifs pour me taire.

Maître Billotte pâlit un peu.

Trouver rebelle une fillette que l'on est habitué à voir soumise, se sentir résister en face par une enfant si douce, que l'on n'en attendait pas l'ombre d'une résistance, il y avait là de quoi irriter un butor !

Maître Billotte s'emporta.

— Si tu ne parles, je te chasse, s'écria-t-il.

— Tant mieux ! répondit-elle.

Puis elle voulut se diriger vers sa chambre; mais auparavant elle lança cette phrase :

—Avant de me chasser, vous me direz sans doute, monsieur Billotte, qui je suis?

— Qui tu es?...

— Oui, je désire le savoir.

— Une enfant trouvée, ma fille, une enfant ingrate que j'ai élevée par charité...

— Ah!...

— Ce : ah! fut prononcé d'un ton singulier qui inquiéta maître Billotte.

— Tu doutes? dit-il.

— Non! dit-elle. Seulement, je désire que vous me donniez quelques renseignements sur l'hospice où vous m'avez prise, car enfin vous m'avez prise quelque part avant de me faire élever par cette vieille fermière, qui m'a tant tourmentée et tant battue aussi.

Ce sujet de conversation parut désagréable au régisseur, car il esquiva la réponse.

— C'est bon, c'est bon, tu sauras cela le jour de notre mariage, dit-il, oubliant subitement le congé qu'il avait donné à Jeannette.

Celle-ci le lui rappela.

— Vous m'avez chassée, dit-elle, je pars. Quant à ce mariage, n'y comptez point.

— Allons donc!

Et il fit mine de se rapprocher.

— Jamais! fit-elle en reculant.

— Mais, petite folle, apaise-toi donc. J'ai eu un mouvement de mauvaise humeur qu'il faut oublier; je t'aime, tu restes et je t'épouse.

Il fit un pas, la bouche en cœur, le sourire aux lèvres, la main tendue, l'œil en coulisse.

Mais elle, fière, énergique, le foudroya d'un regard qui le cloua sur place.

En ce moment, on entendit dans la forêt une détonation lointaine.

— Tiens! murmura le régisseur, quelqu'un qui chasse sur mes terres. Voilà qui est fort!

— Vos terres! fit Jeanne provoquante.

— Oui, mes terres.

— Tenez, s'écria le jeune fille, je suis révoltée à la fin de vous entendre.

« Ce château, ces fermes, cette forêt, rien de tout cela n'est à vous, excepté ce que vous en avez volé.

— Peut être, au contraire, tout cela m'appartiendra-t-il sous peu, fit-il; mon neveu est mort, tout le fait croire.

— Et votre nièce?

— Ma nièce?

— Mais oui. Avez-vous oublié que vous avez une nièce, monsieur Billotte?

Le régisseur se décontenança.

— Jeannette, fit-il baissant de ton, tu es méchante; ma nièce est à Paris, au couvent : cette petite désire entrer en religion; elle a une vocation très prononcée; elle me laissera son bien.

Puis câlin :

— Vois, ajouta-t-il, comme nous serons heureux, riches, considérés et puissants.

« J'ai des idées.

« D'abord je veux me faire nommer député; tu ris, mais c'est plus facile que tu ne le crois, quand on est grand propriétaire et influent dans son pays.

« Nous irons vivre à Paris.

« Tu seras là, dans un hôtel, comme une petite reine, et tu y auras des robes de soie et des domestiques.

« Tu me regardes comme un gros paysan, mais j'apprendrai tout ce qu'il faut savoir pour ressembler à ce qu'ils appellent un gentilhomme.

« Sois ma femme et tu verras. »

Insensible, elle laissa tomber ces mots :

— Je ne veux pas du bien volé.

Sous ce coup il bondit.

Mais plusieurs coups de feu arrivèrent jusqu'à lui et détournèrent son attention.

— Que se passe-t-il donc ? murmura-t-il.

Et il appela :

— Antoine? Antoine ?

— Le garde est au bois, dit Jeannette.

La fusillade continuait.

— Ah ça mais, c'est une battue, gronda

le régisseur ; qui peut avoir l'audace de tuer mes faisans sans ma permission !

Il ouvrit la fenêtre et interrogea l'horizon ; mais le jour baissait déjà.

— Enfin, pensa-t-il, Antoine est sous bois, je saurai à quoi m'en tenir.

Puis se retournant :

— Du bien volé ! reprit-il avec une colère sourde, tu as dit du bien volé ! Jeannette ?

— Certainement.

Et elle le défia du regard.

Se dominant, le régisseur demanda d'un ton patelin :

— On ne peut donc plus hériter d'un neveu et accepter la fortune d'une nièce qui se fait sœur ?

— Pour le neveu, vous aurez été cause de sa mort ; quant à la nièce...

Jeannette hésita.

Des gouttes de sueur perlaient au front de maître Billotte, qui haletait tout en cherchant à dissimuler son trouble sous un air indifférent.

— L'aurais-je pas assassinée ! fit-il.

— Je le crains, dit-elle sérieusement.

Il éclata de rire.

Mais tout à coup, il poussa un cri de surprise ; le griffon du garde revenait en boitant et couvert de morsures profondes.

— Sacrebleu ! qu'est-il donc arrivé ? Voilà Noirot qui rentre ensanglanté.

Il se précipita dehors.

Le feu continuait au bois, incessant, précipité.

— Tonnerre! C'est une vraie battue! exclama-t-il, ils sont au moins dix tireurs!

Et il inspecta Noirot.

— Les chiens de ces braconniers l'ont mordu; dit-il. Mais qu'est devenu Antoine?

« Allons prévenir la gendarmerie. »

Il rentra tout inquiet pour mettre son chapeau et prendre un fusil.

— Ils sont une douzaine de chasseurs au moins là-bas; dit-il, je vais les faire pincer.

« Quant à ma nièce, petite, elle se porte comme toi et moi, et je ne sais qui a pu te donner de pareilles idées.

— Ainsi, vous soutenez qu'elle est au couvent?

— Oui.

— Vous mentez.

— La preuve?

— La voici.

Jeanette tira de son corsage une lettre dont la suscription portait :

A mademoiselle Jeanne de Leury,

au couvent des Oiseaux,

Paris.

Sortie du couvent depuis douze ans : à renvoyer à son oncle, M. Billotte, régisseur du château de Lavery.

Et quand il eut bien lu, blanc comme un linceul, la petite Jeannette lui dit lentement :

— Qu'est-elle devenue depuis douze ans, la petite demoiselle Jeanne ? Pouvez-vous le dire ?

Le régisseur froissait la lettre.

En ce moment, des hurlements retentirent, suivis de cris de douleur, comme en poussent les chiens que l'on corrige d'un coup de pied.

Jeannette et le régisseur levèrent les yeux en même temps et ils aperçurent, à la fenêtre, une tête coiffée singulièrement.

La tête regardait à l'intérieur.

— Le garde avait raison, dit Jeanne avec effroi, c'est un brigand ! un bohémien !

Et elle s'enfuit...

Le régisseur était cloué sur l'escabeau par la surprise.

III

Où le père Antoine et les deux gendarmes de Précy-les-Avaloirs assistent à une chasse comme on n'en avait jamais vu.

Le père Antoine, qui croyait avoir trouvé des traces bizarres dans les bois, était un vieux garde imbu de préjugés surannés, lesquels s'étaient enracinés dans sa cervelle, comme les souches des vieux hêtres dans sa forêt.

C'était, du reste, une figure typique et originale.

Le nez rubicond des ivrognes, la trogne enluminée des buveurs, marquaient, sur sa face, l'enseigne de son vice; mais, soigneux du décorum, le père Antoine ne se grisait qu'à huis clos; d'un naturel gai, aimant à rire comme à boire, le garde était néanmoins trop infatué de l'importance de ses fonctions pour conserver l'air jovial que la nature lui avait donné; il se composait un maintien sévère à la hauteur de sa mission et ne riait qu'à la maison, ou entre amis, notamment avec messieurs les gendarmes de Précy-les-Avaloirs; le bourg voisin.

Bon homme au fond, mais inexorable dans le service, tel était le père Antoine dont la Providence avait fait un brave garçon, que l'uniforme avait rendu grincheux, taquin et rude au pauvre monde.

Ignorant comme une carpe, le cerveau bourré de sottises, il était incapable de comprendre quoi que ce fût en dehors de sa consigne, de la lettre des lois et règlements sur la chasse, et des ordres de *Monsieur le Régisseur*, son maître.

Bref, c'était une vieille croûte intellectuelle croyant à la religion parce que le curé l'enseignait, au gouvernement parce qu'il en était, mais n'ayant raisonné de sa vie sur rien et incapable de dire pourquoi l'homme est sur terre, question très-embarrassante, du reste, pour les philosophes les plus distingués, qui n'ont pas encore pu la résoudre.

Le père Antoine exécrait les braconniers ; rien de plus naturel, le garde est fait pour donner la chasse aux rôdeurs des bois, comme le chat pour poursuivre la souris ; mais le père Antoine était particulièrement rigide.

Il avait mis un tel acharnement à poursuivre les délinquants, qu'il avait réussi à extirper le braconnage de la contrée ; pendant trois ans il n'avait laissé ni repos, ni trêve aux maraudeurs, et, à force d'amendes et de prison, il avait terrifié le canton et obtenu un tel triomphe, que depuis longtemps on n'avait constaté aucun délit.

Étant donné ce caractère, on peut juger de la colère et des inquiétudes du père Antoine constatant, par des traces fraîches, que le territoire sacré de ses bois était envahi par un bipède d'une espèce à lui inconnue, mais évidemment malfaisante.

Car, en bonne conscience, on ne pouvait admettre que des gens bizarrement chaussés de babouches fussent honnêtes !

Donc, le père Antoine était venu en référer à son patron, pour que celui-ci eût à prévenir la gendarmerie, pendant que lui, Antoine, suivi de son chien fidèle, irait dépister le gibier de mauvais aloi qu'il avait reconnu au pied dans les tranchées de la forêt.

Le patron était absent : désolé de ce contre-temps; il n'en avait pas moins laissé son rapport à Jeannette et s'était mis en chasse.

Nous l'avons vu s'arrêter court en plein fourré.

Il était là, bouche béante, une main machinalement appuyée au canon du fusil, l'autre main tenant son chien tout aussi effaré que son maître.

— Là, là, tout beau, murmura-t-il, tout beau, Noirot ! la paix ! la paix donc !

Et Noirot, qui avait commencé à donner de la voix, se tut subitement, car c'était un chien admirablement obéissant et bien dressé.

Mais son poil hérissé témoignait de son horreur pour ce qui se passait devant ses yeux, et protestait énergiquement contre un scandale inouï.

En effet, à partir du point où l'on était arrivé, la forêt était fouillée, les branches étaient cassées, comme cela arrive à la suite d'une battue.

Mais ce n'était rien.

A une distance assez rapprochée, on entendait des bruits de voix et des aboiements de chiens ! les délinquants étaient là, tout près, en nombre, audacieux, bravant la loi avec une singulière insolence et semblant se soucier du père Antoine comme de *Colin-Tampon*, car ils ne cherchaient point à se cacher et menaient un train d'enfer.

Le garde sentit ses cheveux se dresser sur sa tête, raides comme des baguettes de tambour, et il lui sembla qu'ils soulevaient son vénérable tricorne.

Néanmoins, la première émotion passée, il reprit un peu de sang-froid et tira sa tabatière, ressource suprême d'inspiration dans les circonstances difficiles !

Après avoir humé sa prise, il monologua

silencieusement, tenant avec lui-même un conseil de guerre.

— Voyons, pensa-t-il, je ne suis pas sujet à la berlue, je ne fais pas un rêve!

Il s'arrêta à cette idée.

La réalité était si absurdement invraisemblable, qu'on pouvait la prendre pour une illusion des sens.

— Dernièrement, pensa-t-il, j'ai eu le cauchemar: dans mon sommeil je me voyais lié par des braconniers et ils s'amusaient ensuite à me tirer du gibier sous le nez.

Il se tâta, caressa son chien, se pinça l'oreille et conclut très sérieusement :

— Non, cette fois-ci, je ne dors pas.

Ce fait acquis, Antoine poussa en avant, mais avec des précautions extrêmes.

Son chien l'imita.

Ils glissaient tous deux plutôt qu'ils ne marchaient; ils allaient le nez au vent, l'oreille tendue, le griffon portant la queue basse et roidie par l'émotion, le garde ayant le doigt à la détente de son arme et prêt à tirer.

Ils firent ainsi cent pas.

Soudain un coup de feu résonna.

Garde et chien s'arrêtèrent.

Ils échangèrent un regard éloquent tous deux et ils se comprirent certainement.

— Quels scélérats! devait penser le griffon.

— Les gredins! murmura Antoine.

Ils se remirent en marche et bientôt il sembla au forestier qu'il distinguait quelque chose.

En effet, il aperçut entre deux taillis une forme humaine, mais si bizarre, si étrange qu'il sourit.

— Parbleu! se dit-il, si je ne me connaissais pas on dirait que j'ai peur, car ma vue est troublée.

Mais presque aussitôt :

— Mille tonnerres! Je ne me trompais pas, voilà encore ce drôle de pistolet qui passe devant moi.

Et Antoine écarquilla les yeux.

L'être qu'il avait vu avait une apparence d'homme, mais quel homme, grand Dieu!

Un géant!

Pour sûr il avait six pieds.

De plus, il portait un chapeau démesuré, tressé d'une paille inconnue à Antoine, du moins celui-ci le jugea ainsi, quoiqu'à cette distance il lui fût impossible de bien distinguer le brin des tresses qui reluisait comme de la moire.

Ce chapeau avait un pied et demi de haut et formait un cône tronqué ou pain de sucre coupé au sommet; à la base, les bords s'étalaient larges comme un parapluie ouvert; Antoine se dit qu'ils faisaient assez d'ombre pour qu'on pût y dormir à l'ombre, en supposant que le propriétaire du chapeau eût consentit à demeurer en place et à vous laisser coucher à ses pieds.

Ce qui intrigua le plus le garde, ce fut le plumet qui ornait ce couvre-chef ; jamais il n'avait vu panache plus beau, plus soyeux, plus ondulant sous le vent.

Le reste du costume n'était pas moins pittoresque que cette coiffure gigantesque.

Qu'on s'imagine un caban blanc et court, en flanelle soutachée ; un pantalon fort large fendu et orné de tresses jusqu'au genou, puis (ce qui frappa Antoine, car le braconnier se retourna), une ceinture de cachemire roulée aux flancs et dans cette ceinture un arsenal de coutelas et de pistolets.

Le père Antoine fut ébloui par les éclairs que lançaient les pierreries des crosses, au soleil couchant, quand la lumière, glissant du haut des arbres, les faisait scintiller.

Certes, il y avait là quelque chose de prodigieux ; généralement les gens du Berry ne s'habillent point de la sorte ; aussi le garde tomba-t-il dans une perplexité extrême.

Antoine entra dans la voie des suppositions ridicules et insensées.

Jusqu'alors il n'y avait là rien d'absolument fantastique ; mais cela frisait de près l'impossible.

Or, s'il ne croyait point aux revenants, ce

n'était pas parce que la raison lui démontrait l'absurdité de cette croyance, mais uniquement parce qu'il était de bon genre au village de se poser en homme qui se moque des fantômes et des contes de fées.

Tout bon Berrichon est superstitieux au fond, et Antoine n'était pas bien sûr qu'il n'y eût point de sorciers et de farfadets; il faisait le crâne à la veillée, il était moins rassuré quand, tout seul, il traversait la forêt pour revenir au château.

En définitive, cet être étrange lui sembla suspect, surnaturel et assez semblable à ces personnages des légendes qu'on raconte sur le passé.

Aller mettre la main sur le collet à un gaillard pareil, qui devait être capable de tout, qui était peut-être un étranger ignorant la loi, venu là par quelque merveilleuse aventure, comme on en lit dans l'histoire des quatre fils d'Aymon et comme les vieilles femmes en content aux veillées, arrêter un être surnaturel, car Antoine penchait à croire qu'il y avait de la magie là-dessous, et que l'enchanteur Merlin y était pour quelque chose. Crier halte-là à un fantôme! C'est ce que le vieux garde n'osait faire.

Il tremblait.

Pourtant il prit une décision.

Il calcula que la battue pouvait avoir

deux cents mètres de long et se décida à tourner une de ses ailes pour la dépasser et la voir en ligne.

Il exécuta rapidement sa manœuvre, gagna beaucoup d'avance, se posta commodément pour voir en étant abrité et laissa arriver les chasseurs sur lui.

Il les contempla tout à son aise.

Ils étaient au nombre d'une dizaine, tous vêtus de la même façon ou à peu prés, armés jusqu'aux dents, poussant le gibier devant eux et précédés de quelques pas par des chiens d'une espèce particulière, qui battaient la broussaille et semblaient faire l'office de traqueurs.

Le père Antoine eut tout le loisir de compter son monde, et de dévisager ceux qui étaient le plus rapprochés de la position oblique qu'il occupait.

La chasse passait horizontalement devant lui.

Il ne perdit pas une minute ; dès qu'il put le faire il se leva et appelant doucement son griffon, il courut vers une route qui coupait la forêt en deux, par le milieu.

— Il est sept heures, pensait-il, j'aurai le temps d'arriver à la gendarmerie avant la nuit.

Au moment où il débouchait sur la route, le père Antoine entendit sur le sol un bruit de pas, il coucha son oreille à terre et reconnut le pas cadencé de deux chevaux d'escadron; il jouait de bonheur, les gendarmes étaient tout proches.

Il se précipita au-devant d'eux.

Bientôt parurent à l'horizon les majestueuses silhouettes des deux cavaliers aux jaunes baudriers.

La vue de leurs tricornes jeta une ineffable joie dans le cœur du père Antoine.

Les gendarmes chevauchaient avec cette noble et mâle fierté qui est l'apanage des hommes justes et forts; ils allaient la tête haute, le regard sondeur et assuré, et vrais chevaliers sans peur et sans reproche, doux aux faibles, aimables au beau sexe, dignes avec les puissants de la terre, terribles aux scélérats.

L'un était brigadier, l'autre ne l'était point, mais tous deux n'en causaient pas moins sur le ton d'une familiarité pleine de condescendance de la part du supérieur, et de respect du côté de l'inférieur pénétré du sentiment de la discipline.

Ah! c'était là de bien beaux gendarmes; grands tous deux, bien faits tous deux, noirs de poils, maigres et secs, ayant des sourcils épais, au froncement olympien, et cet œil flamboyant qui séduit les dames et fait trembler les malfaiteurs.

Oh! les beaux gendarmes, c'était là!

Leurs moustaches se dressaient triomphantes sur leur cuir basané et leurs pointes martiales s'élevaient conquérantes à la hauteur des arcades sourcillières; que de fois elles avaient donné dans l'œil, ces moustaches magnifiques, à la jeunesse en jupon du village, assemblée sur le passage de ces deux preux lorsqu'ils traversaient les rues, montés sur leurs coursiers, s'en allant à la recherche du crime!

Bien des cœurs battaient pour eux dans les poitrines féminines, car ils n'avaient point encore enchaîné leurs existences au rouet du mariage.

Ils étaient superbes, les deux gendarmes de Précy-les-Avaloirs, ils le savaient, ils n'avaient pas besoin qu'on le leur dise; trop de fois, des œillades brûlantes le leur avaient appris et ils ne se pressaient point de faire un choix définitif, parce que le mariage est une chaîne et que le cœur de la maréchaussée aime à changer de garnison.

Ils étaient la fine fleur de la gendarmerie, comme Antoine était la crème des gardes-chasses; ils avaient pour les voleurs cette haine sacro-sainte qui est la sauvagarde de la vertu et le fondement de la société. Ensemble, ils étaient arrivés et le pays avait bien besoin de leur présence tutélaire, car il avait une de ces réputations qui font rougir les honnêtes gens de la patrie qui leur a donné le jour.

Cette situation déplorable avait attiré l'attention des autorités, qui voulurent y mettre fin.

On demanda deux gendarmes modèles au chef de la légion et celui-ci fit un choix intelligent, en dotant Précy-les-Avaloirs des deux perles qui étaient, depuis lors, l'ornement du canton où ils firent régner l'âge d'or en le purgeant des malfaiteurs qui l'infestaient.

Une amitié touchante, fondée sur l'estime mutuelle, base solide de l'affection, unissait la force armée de Précy-les-Avaloirs, représentée par ses deux gendarmes, à la force privée, mais non moins armée du château, représentée en la personne du garde Antoine; ces trois hommes ne faisaient qu'une tête dans trois tricornes, un cœur dans trois uniformes, une main sur trois sabres; un vrai trio de braves.

L'union fait la force.

Ils se prêtaient un fraternel apppui et, à eux trois, ils étaient invincibles.

Aussi fallait-il voir de quel sourire serein s'illumina le visage du père Antoine à l'aspect de ses compères, comme il appelait les gendarmes.

Ceux-ci, en voyant courir le garde, mirent leurs chevaux au trot, condescendance délicate que maître Antoine apprécia à sa juste valeur.

Déjà les deux gendarmes avaient remarqué que l'on tirait dans la forêt; mais ils supposaient que le régisseur avait organisé quelque battue; la vue du garde essoufflé les détrompa subitement.

—Ah! bon Dieu de sort! fit celui-ci, messieurs les gendarmes! comme on dit, vous arrivez à propos.

Le brigadier arrêta net son cheval, fronça le sourcil et dit d'un ton grave et solennel :

— Il me semble que vous avez à me parler pour le service, maître Antoine, répondez-moi catégoriquement ?

— Oui, pour le service, brigadier, fit Antoine interloqué de cet accueil sévère.

— Pour lorse, reprit le brigadier, je vous enjoins de ne point plaisanter comme vous faites, et subséquement de vous abstenir de comparaisons malsonnantes.

— Malsonnantes!

— Oui, et incongrues.

— Mais, brigadier...

— Il n'y a pas de mais, brigadier; vous avez dit : messieurs les gendarmes! que c'est une comparaison des plus badines, inventée pour embêter la maréchaussée, vu que nous ne sommes pas des messieurs, mais des militaires.

— Le brigadier a raison, dit le gendarme ne appuyant son chef.

— C'est vrai ! fit le garde écrasé par cette logique pleine d'éloquence et de bon sens.

Et il reprit :

— Pour lors.

— Encore... tonna le brigadier.

— Encore quoi ? demanda Antoine.

— Encore une facétie.

— Mais non, brigadier.

— Si, vous avez dit pour lors, et c'est une manière de calembour inoffensif, mais irrespectueux entre soldats.

— Ah ! fit Antoine.

— Parbleu ! C'est pour lorse qu'il faut dire.

— Tiens ! le maître d'école m'a dit que c'était pour lors, même qu'il me l'a montré écrit.

Le brigadier sourit.

— Le maître d'école, fit-il, sait son métier pour le bourgeois, mais ne connaît pas le règlement de l'armée ; le civil dit pour lors ; nous autres militaires nous disons pour lorse afin de nous distinguer du pékin.

— Le brigadier a raison, fit le gendarme, à preuve que jamais au régiment on ne dit autrement.

Le père Antoine regardait les deux gendarmes avec une juste admiration pour leur profonde érudition.

— Présentement, continuez votre rapport, camarade, fit le brigadier bienveillant et attentif.

— Voilà la chose, dit Antoine. Il y a des braconniers qui chassent au bois à la face du soleil.

— Ah ! fit le brigadier.

— Ah ! répondit le gendarme en façon d'écho.

— Ils sont une douzaine.

— Ah ! ah ! fit le brigadier, et l'écho ne resta point muet,

— Ils font une battue, tranquillement, comme s'ils étaient chez eux ou avec le patron.

Le brigadier ne dit mot, mais il frémit et sa main droite caressa la poignée de son sabre, pendant que la gauche rassemblait les rênes de son cheval.

Son compagnon était en proie à la même émotion ; le poil des deux gendarmes frétillait de colère.

— En route ! fit le brigadier d'une voix étranglée par une légitime stupéfaction.

— Attendez ! fit le garde.

Le brigadier parut se demander quelle révélation Antoine pouvait avoir encore à faire.

— Ces braconniers, dit-il, ne sont pas des hommes ordinaires comme vous et moi, mes camarades.

— Oh ! fit le brigadier.

— Oh ! répondit l'écho.

— Ils ont des vêtements biscornus, des chapeaux qui n'en finissent pas, des barbes d'un mètre, des ceintures de toutes couleurs, des armes qui sont en or et en diamant... des...

— Oh ! oh ! fit le brigadier.

L'écho fut encore fidèle.

— Enfin, ces gens-là me font l'effet d'être extraordinaires, inconnus, dangereux et intempestifs.

Le brigadier réfléchit.

— Vous les avez vus, maître Antoine ? demanda-t-il avec un soupçon de doute.

— Vus, de mes yeux vus, comme je vous vois, sous le respect que je vous dois, brigadier.

— Diable !

— Même que le plus rapproché de moi avait la tête blanche comme neige... et la barbe aussi.

Le brigadier était dérouté, mais il n'hésita point.

— Marchons ! dit-il brusquement.

Ils entrèrent sous bois et Antoine guida la maréchaussée à travers les sentiers.

Le brigadier se taisait.

Ses compagnons ne parlaient point.

Pendant quelque temps le silence se fit et ne fut troublé par aucun son irrévérencieux, si vague qu'il pût être !

Enfin le brigadier ouvrit la bouche et ses compagnons purent connaître le fruit de sa méditation.

— Antoine, demanda-t-il d'un ton goguenard, êtes-vous bien sûr de ne pas avoir eu la berlue ?

Depuis qu'il s'était éloigné de la battue, le garde n'avait plus entendu de coups de fusil ; ce qu'il avait vu était si bizarre qu'il se demandait, à part lui, s'il n'avait pas eu d'illusion.

— Dame ! brigadier, dit-il, on n'est jamais bien certain de ce qu'on a *entrepercevu ;* la berlue et le cauchemar, c'est deux choses embêtantes pour chacun en général et pour tout le monde en particulier.

— Voilà, s'écria le brigadier joyeux, vous avez eu un éblouissement aléatoire et trompeur.

— Possible ! Nous verrons bien.

Tout à coup plusieurs coups de feu retentirent au loin démentant les doutes des gendarmes.

Les trois hommes tressaillirent.

— Là ! les entendez-vous ? fit Antoine.

— Oui ! fit le brigadier.

— Si nous piquions des deux ? proposa le gendarme, impatient d'arriver.

— Silence dans le rang ! ordonna son chef justement courroucé. Votre idée est bonne, à preuve que c'était la mienne ; mais elle est mauvaise parce qu'elle est contraire à la discipline, vu que vous ne devez pas parler, quand je ne vous interroge pas personnellement.

Le gendarme coupable baissa la tête

Le brigadier, gracieux, dit à Antoine :

— Vous, camarade, montez en croupe.

Et il lui donna un coup de main.

— Tenez-vous bien, dit-il quand il le vit assis, nous allons faire trotter nos bêtes !

— Là ! j'y suis, dit Antoine, ventre à terre, brigadier, dans dix minutes, nous serons sur le dos de ces coquins-là ! qui m'ont l'air d'avoir un fameux toupet.

Et les gendarmes allaient piquer de deux, quand on entendit, au fond d'un ravin, des aboiements subits.

— Qu'est-ce que c'est que ça ? fit le brigadier.

— Une chasse à courre, répondit Antoine.

— Mille carabines ! quels gaillards ! Et comme j'aurais du plaisir à vous leur poser la main au collet !

Et le brigadier, suffoqué par la colère, poussa son cheval vers le bord du ravin assez rapproché de là.

Son compagnon l'imita en jurant comme... un gendarme. Ils arrivèrent à temps tous trois pour assister à un spectacle fantastique auquel servait de cadre la forêt en cet endroit sombre, sauvage et bouleversée par une convulsion souterraine qui avait creusé une gorge pittoresque, en fendant en deux une colline escarpée.

Ce défilé avait un aspect si tourmenté qu'il, jetait des sentiments d'effroi au cœur des bûcherons égarés de ce côté ; ses pentes à pic étaient hérissées de quartiers de rocs énormes et prodigieusement arrêtés dans leur course ; on eût dit qu'une force mystérieuse les clouait aux flancs du talus, tant leurs masses violaient en apparence les lois de l'équilibre.

Au fond du précipice, le remplissant de murmures plaintifs, de bruissements sourds, de grondements rageurs et de rugissements furieux, un torrent coulait, tantôt calme, tantôt déchaîné, faisant çà et là bondir ses flots écumeux par dessus les obstacles, et formant des arcades échevelées, tournoyant dans des gouffres.

Le site était connu dans le pays sous le nom de la *fosse aux fades* (aux fées).

Les paysans berrichons racontaient, en tremblant, les légendes mystérieuses dont il aurait été le théâtre, et les bûcherons prétendaient que, la nuit, on y entendait des appels désespérés proférés par des voix humaines.

La soirée allait s'avançant et de grandes ombres, déjà projetées sur la forêt, prêtaient aux objets ces formes allongées qui frappent si singulièrement l'esprit.

Penchés tous trois, les gendarmes et le garde attendaient, écoutant le bruit de la chasse qui s'avançait avec rapidité; ils étaient déjà impressionnés, malgré eux, par les faits singuliers qui se passaient autour d'eux.

Tout à coup, Noirot se cramponna des quatre pattes aux aspérités du terrain, ses oreilles pointèrent sur sa tête, phénomène rare chez un griffon; ses yeux s'injectèrent de sang et sa gueule se couvrit de bave; on entendit distinctement ses dents claquer avec un bruit sec et dur; des sons gutturaux s'échappèrent, sourds d'abord, puis stridents...

Il aboya à la mort...

— Ah! mon Dieu! murmura le garde, effrayé, qu'est-ce que nous allons voir!

Les deux gendarmes ne disaient mot.

Raides, glacés, muets, ils cherchaient à contenir un vague effroi qui les envahissait.

Mais les chevaux, moins prompts au flair que le griffon, commençaient à donner des signes d'inquiétude; puis, soudain, ils se cabrèrent, hennirent, et il devint impossible de les maintenir, tant ils montraient d'épouvante.

Les deux gendarmes durent descendre et

les attacher aux arbres voisins, qu'ils secouèrent avec rage.

Évidemment des senteurs inaccoutumées, des émanations, dont s'épouvantaient les animaux domestiques, remplissaient l'air et annonçaient la présence d'êtres d'une espèce inconnue et monstrueuse

Le griffon hurlait toujours.

La chasse s'approchait.

Les voix des chiens devenaient distinctes, mêlées d'autres cris que jamais le garde n'avait entendus dans les bois; la meute était sur la bête, la chassant à vue.

— Dans cinq minutes, dit le garde à voix basse, l'animal sera forcé pour sûr.

— Nous verrons la curée! fit le brigadier d'un ton qu'il cherchait à rendre assuré.

— Hum! fit le garde. Sait-on ce qu'on verra ou ce qu'on ne verra pas aujourd'hui?

— Il se passe, en effet, des choses qu'un gendarme n'est pas habitué à voir, avoua le brigadier; mais ce n'est pas un motif pour manquer à ses devoirs et nous irons dresser procès-verbal à ces gens-là, d'une façon péremptoire, quand ce seraient des diables ou des sorciers; un gendarme ne doit avoir peur de rien.

Il se fit un silence.

— Ils vont déboucher dans la *fosse*, dit le garde attentif et les yeux démesurément ouverts.

— Ça sera drôle! dit le brigadier d'un air dégagé; nous allons donc savoir à qui nous avons affaire.

— Les voilà! s'écria le gendarme.

En effet, le chevreuil parut...

Derrière lui, se ruait, par bonds, une meute hurlante et famélique de chiens fauves, à la gueule démesurée, au poil ras et luisant à former miroir sur la peau : au lieu de se précipiter sur la bête et de la mettre bas, ce qu'ils eussent pu faire facilement, ils l'écartaient sans chercher à l'atteindre.

Évidemment le chevreuil était fatigué.

Pourquoi ces grands chiens le ménageaient-ils, jouant le jeu du chat et de la souris?

C'est ce qu'il eût été difficile d'expliquer; mais le pauvre chevreuil aux abois, par un dernier effort, volait par dessus les buissons, sautait le torrent, franchissait les rocs et, derrière lui, la meute suivait avec une légèreté inouïe.

Le terrain était si hérissé de broussailles et de blocs granitiques, qu'il semblait impossible qu'une troupe à cheval pût s'y engager.

Mais, derrière la meute, drapés dans des suaires blancs, lancés à un galop effréné, trois cavaliers faisaient voler les cailloux du chemin sous les fers de leurs coursiers, noirs, dont les naseaux soufflaient une vapeur brûlante. Ces trois hommes, pareils à trois démons, se tenaient couchés sur l'encolure de leurs chevaux et poussaient des exclamations sauvages.

Ensuite venait un animal singulier, d'une structure inexplicable, ayant des jambes effilées, noueuses, minces échasses supportant un grand corps efflanqué, bossu, rugueux, emmanché d'un cou hors de toute proportion, tendu horizontalement et sans tête.

On eût dit d'un quadrupède guillotiné.

L'allure de ce monstrueux animal était faite de mouvements saccadés et irréguliers, de soubresauts inattendus qui secouaient tous ses membres; cela tenait à la fois du trot, du galop et de la marche, il ballottait de gauche à droite, de droite à gauche et semblait aller à tâtons, quoique à toute vitesse.

Qu'on se figure au repos cet animal, tel que nous l'avons décrit, qu'on s'imagine qu'un géant de la fable lui abat la tête d'un coup de sabre et que, tout décapité qu'il soit, il s'élance, on aura une idée de sa course.

Sur cette monture invraisemblable une femme (était-ce une femme ?) se tenait assise ou posée.

Posée, car on ne voyait qu'un buste et

point de traces de jambes, et ce buste adhérait au dos de l'animal, car il en suivait les ondulations violentes sans marquer la secousse.

Noyée dans la mousseline, emportée trop rapidement pour être dévisagée, cette femme, cette demi-femme ou cette fée avait des cheveux noirs soyeux, que le vent secouait avec force, fouettant l'air de leurs immenses tresses, les roulant et déroulant tour à tour.

Quant à la figure, elle sembla belle, d'une beauté radieuse aux spectateurs de cette scène, mais dure, et empreinte d'une ardeur féroce.

Par moment, devant cette châsseresse, sur les épaules de sa monture, se dressait un animal, informe quand il était accroupi et qui prenait toutes les apparences d'un chat noir énorme quand il se levait; il étirait ses pattes, balayait l'air de sa queue, bâillait à outrance, poussait une plainte lamentable et se reblottissait à la place qu'il occupait.

Le soleil couchant empourprait de ses feux la cime du défilé, et ses reflets, renvoyés par les parois du granit, miroitaient sur cette chasse, ajoutant encore à son étrangeté

Du reste, ce ne fut qu'une apparition,

quoique chaque objet se fût dessiné nettement.

Chevreuil, chiens, cavaliers, chasseresse s'enfoncèrent dans les sinuosités de la gorge et disparurent...

IV

Le fantastique qui se promenait en forêt est forcé de montrer ses papiers à la maréchaussée.

Les spectateurs de cette scène demeuraient immobiles, abrutis, pétrifiés.

Enfin ils se regardèrent, mais sans mot dire, craignant de réveiller l'écho.

Le brigadier rompit le silence le premier; mais cette fois il ne s'agissait plus de métaphores, de périphrases; en pareille circonstance, la maréchaussée oublie son langage fleuri pour parler celui de tout le monde.

— Eh bien ! fit-il.

— Eh bien ! répéta le gendarme.

Antoine, songeur, méditait une réponse.

— Parbleu ! fit-il, la chose est claire pour moi comme de l'eau de roche.

— Vous comprenez ce qui se passe ! demanda le brigadier supris de la perspicacité d'Antoine.

— Oui ! fit celui-ci.

— Vous avez de la chance.

— C'est bien simple, pourtant.

— Bien simple ?

Et le brigadier, scandalisé, toisa le garde.

— Expliquez-vous, compère, dit-il.

— Voilà ! fit le garde.

Mais, jetant autour de lui un regard défiant et comme un homme qui craint d'être entendu, il invita d'un geste ses compagnons à se rapprocher.

Ceux-ci s'empressèrent d'amener leurs oreilles au plus près de ses lèvres.

Néanmoins, Antoine hésitait.

— Allez donc ! fit le brigadier impatient.

— C'est que l'on dit qu'il ne faut pas prononcer son nom la nuit.

— Le nom de qui ?

— De la grande fade (fée) ?

— Hum ! hum ! fit le brigadier. Vous avez la tête perdue, mon camarade.

— Dame ! on prétend que la *grande fade* apparaît dès qu'on la nomme.

— Bêtises de paysans !

— Pas si bêtes que ça, les paysans, à preuve ce que nous venons de voir à l'instant.

— Mais, s..... poltron, finissez-en donc !

Qu'est-ce que vous supposez ? Parlez carrément.

Antoine fit un effort.

— Mon idée, murmura-t-il, c'est que la *grande fade* a défilé devant nous avec son cortège.

Le brigadier et son gendarme se regardèrent avec un sourire plein de dédain pour le forestier.

Ils étaient braves et forts, ces gendarmes, et ils ne croyaient point aux esprits.

— Il n'y a ni *fades*, ni *farfadets*, ni *revenants* ! déclara le brigadier énergiquement.

— Alors, tâchez de comprendre, camarades, riposta Antoine ; moi je donne ma langue à mon chien.

Et il jouit de l'embarras de ses interlocuteurs qui avaient vu un spectacle prodigieux, inexplicable, et ne voulaient point admettre le merveilleux.

Le brigadier sentait bien qu'il avait eu devant les yeux une scène étrange comme il en avait lu dans les vieux romans du temps jadis, que l'imprimerie d'Epinal répand dans les campagnes. Il y avait, en face de lui, un fait palpable, tangible, irrécusable ; en vain il cherchait à le commenter ; ses plus violents efforts n'aboutissaient à rien.

Le coude appuyé sur son sabre, le front

sur la paume de la main, il creusait le problème.

La solution ne venait point.

— Brigadier ! hasarda Antoine.

— Hein ? quoi ?

— Vous ne croyez donc pas aux sorcelleries ?

—Parbleu, non ! Me prenez-vous pour une bonne femme, maître Antoine ?

— Cependant, brigadier, j'ai lu dans les *Quatre fils Aymon* l'histoire de l'enchanteur Merlin ; c'est vrai, puisque c'est écrit.

— Peuh ! fit le brigadier, dans l'ancien temps, il y avait des gens comme ça, je ne dis pas non ; mais il n'y en a plus depuis longtemps.

— Pourquoi ?

— Parce qu'on a détruit tout ça comme de mauvaises bêtes venimeuses que c'était.

— Mais, brigadier, qui est-ce qui aurait exterminé du monde aussi à craindre ?

— La gendarmerie de cette époque-là, parbleu ! Chaque fois qu'il est parlé des hommes qui massacrent ces vermines-là dans les *Quatre fils Aymon*, on dit : ces braves gendarmes par-ci, ces braves gendarmes par-là.

Antoine n'eut rien à répondre.

C'était péremptoire.

Le brigadier reprit le cours de ses réflexions.

— Dites donc ! fit encore Antoine.

— Quoi? exclama le brigadier impatienté.

— Je pense que vos collègues de l'ancien temps n'ont peut-être pas tout tué.

— Allons donc ! fit le brigadier offensé.

— Vous voyez bien qu'il en reste encore.

— Imbécile !

Telle fut la conclusion brève, mais énergique, du brigadier.

Tout à coup la chasse, que l'on entendait toujours, s'arrêta subitement et il y eut un silence.

Les trois hommes écoutèrent.

Le temps d'arrêt fut court; une plainte lamentable passa par-dessus les arbres, gémissant à travers la forêt; puis un hourvari effrayant retentit; les chiens faisaient curée avec vacarme, et, à travers leurs aboiements, se mêlaient de temps à autre les cris d'une bête fauve inconnue.

L'hallali tira le brigadier de l'abîme de réflexions où il était plongé.

Il prit une résolution sublime.

— En route ! dit-il avec un geste héroïque.

L'inconnu avait passé à son nez et à sa barbe; le fantastique s'était permis de se montrer à la face de la maréchaussée; la maréchaussée allait prendre le merveilleux au collet, le secouer rudement et lui demander :

— Vos papiers !...

C'est que la gendarmerie ne recule devant personne ; elle surveille un quiconque et ne pactise jamais ; Dieu ou démons, chacun doit lui exhiber un passe-port.

Le garde en frémissait.

— Mais, brigadier... fit il.

— Quoi ! demanda celui-ci.

— Vous allez donc là-bas?

Et le garde étendit la main dans la direction du bruit qui allait croissant.

— Si j'y vais ! mille légions de diables ! Certainement que j'y vais, et dare dare encore !

— Pourtant...

— Il n'y a pas de pourtant.

— La grande fade...

— Je m'en f.... comme de mes vieilles bottes.

— Il vous arrivera malheur.

— Nous verrons bien.

— Brigadier, croyez-moi, allons-nous-en !

Et Antoine eut un geste suppliant.

— Partez, restez ou suivez-moi, tonnerre de D...; mais décidez-vous, maître Antoine.

Le brigadier fit cette injonction avec une fermeté et une concision presque élégante ; chose remarquable, en face du danger, il oubliait ces locutions saugrenues qui émaillent d'ordinaire le langage du troupier, quand il se pique de bien dire et recherche l'effet.

— Si vous partez, continua le brigadier, vous pourrez vous trouver seul avec une bande de ces êtres biscornus qui viennent de nous brûler la politesse.

Le garde murmura piteusement :

— C'est vrai !

— Si vous restez là, piqué comme un pieu, vous vous exposez au même désagrément.

— C'est encore vrai.

Le garde bramait en faisant cet aveu.

— Allons-nous-en ensemble, brigadier, insinua-t il de sa voix la plus persuasive.

— Plus souvent! dit le brigadier.

Le gendarme intervint.

— Père Antoine ! dit il.

— Camarade ! fit le garde.

— Voulez-vous savoir mon opinion ?

— Vous êtes de mon avis, vous, n'est-ce pas ? fit le garde.

Ce qu'il y avait d'espoir au fond de cette question est intraduisible; c'était la dernière branche de salut, et le pauvre forestier se jetait dessus.

Mais elle cassa.

— Mon avis, mon avis, fit le gendarme,

c'est que vous êtes un lâche, indigne d'être garde.

— Voilà! appuya le brigadier.

L'injure produisit son effet.

— Ah! je suis lâche! s'écria le père Antoine; nous allons voir si je suis lâche.

Il s'était redressé.

— Vous voulez vous frotter aux esprits, aux mauvaises fades (fées), j'en suis, moi; j'irai partout où vous irez; les forestiers n'ont pas plus peur que les gendarmes.

— Tant mieux.

— Et on verra qui est-ce qui reculera de nous trois, mes gaillards, on verra voir.

— Bon, bon.

— Le tout est de s'y mettre, camarades, et j'y suis, j'y suis en plein, j'y suis des quatre pattes.

Il brandissait sa carabine.

— Là! tout beau! fit le brigadier.

Mais Antoine était monté.

— Quoi, *tout beau!* Gardez donc vos *tout beau* pour vous, brigadier; je ne suis pas un chien, moi; c'est aux chiens qu'on dit *tout beau.*

Les yeux du père Antoine lui sortaient de la tête; évidemment, ce n'était pas sans un puissant effort qu'il avait dompté sa poltronnerie.

Les deux gendarmes se regardèrent en haussant les épaules d'un air de dédain.

— Piquons! fit le brigadier.

Ils lardèrent leurs chevaux à coups d'éperons pour les pousser en avant, vers la chasse.

Mais ce n'était pas le compte du garde.

— Halte! cria-t-il.

Et il se jeta à la bride du cheval du gendarme, qu'il arrêta violemment.

— On ne part pas sans moi! fit-il résolûment. Je veux faire l'arrestation de ma propre main.

— Un joli coco! observa le brigadier avec un écrasant mépris qui fit bondir le garde.

— Coco! fit celui-ci avec rage; vous me traitez de coco, brigadier; vous me payerez cela après l'affaire; il faudra en découdre avec le père Antoine, mon bonhomme; un ancien caporal du 8e de ligne ne se laisse insulter par personne, pas même par un gendarme.

— Soit! on s'alignera! promit le brigadier; mais lâchez le cheval de mon camarade, ou je vous coupe la figure d'un revers de sabre.

— Et moi je vous allonge un coup de fusil, si vous ne me laissez pas monter en croupe!

Le garde était trop exalté pour en démordre, et le brigadier, pour en finir, lui dit:

— Soit! montez!

Mais, en prononçant ces deux mots, il serrait les dents avec fureur, et il murmura :

— Demain matin, la besogne faite, on verra à s'expliquer péremptoirement sur le gazon.

— Oui! fit Antoine. On vous y fera rentrer vos *tout beau!* et vos *jolis cocos* dans le ventre.

Le brigadier crut de sa dignité de se taire; quant au gendarme, il levait les yeux au ciel, pour l'attester sur ce scandale inouï d'un garde provoquant en duel un membre de la maréchaussée dans l'exercice de ses fonctions.

Le père Antoine maugréait toujours.

Bientôt l'on fut à quelques cents pas de l'endroit où la curée avait lieu, et le brigadier, impatienté des réflexions du garde, grondant et menaçant, lui dit :

— F....., taisez-vous donc, nous approchons !

L'avertissement produisit son effet; Antoine se tut, et commença à pointer ses regards à travers les massifs, pour y découvrir la grande fade et son cortège.

Les chiens s'étaient tus.

En revanche, les chasseurs riaient.

— Ces sauvages-là s'amusent! fit tout bas le gendarme; je me demande ce qui les fait rire.

— Les larmes du daim! répondit gravement le garde; entendez-le pleurer.

Et il ajouta en frissonnant :

— Pauvre bête!

On avançait toujours.

— Voyez-vous, fit Antoine, oubliant son altercation, ces chasseurs fantômes, ça s'amuse à tourmenter les bêtes, quand ça n'a pas d'hommes sous la main.

Un bruit de rugissements étouffés se mêlait aux éclats de rire et aux gémissements du daim; il devenait de plus en plus distinct.

— Ça, c'est la voix de la bête noire que nous avons vue, affirma Antoine.

— Possible! fit le brigadier.

— Quelque loup-garou!

— On verra bien, maître poltron!

Ce mot rendit toute sa colère à Antoine; mais le brigadier, qui avait fait cette réponse avec calme, au fond bouillait d'impatience; aussi tout à coup, enlevant son cheval, le lança-t-il vers les chasseurs à travers une percée.

En deux ou trois élans, on arriva sur la meute.

Les gendarmes s'arrêtèrent à dix pas.

Devant eux, le daim, couché sur le sol, se débattait sous l'étreinte du grand chat noir qui s'acharnait sur sa victime; les chiens formaient cercle, couvrant leur proie d'un œil sanglant ; sur une ligne, les trois cavaliers, toujours drapés de blanc, suivaient d'un regard farouche les péripéties de l'agonie, s'interrompant pour rire et encourager le grand chat noir.

Enfin, derrière les cavaliers, mais les dominant, la femme étrange qui montait la bête que nous avons décrite alors qu'elle traversait la gorge; seulement on pouvait voir qu'elle avait une tête, mais si petite, si peu séparée du cou, surtout quand il était tendu, qu'on l'aurait cru décapitée alors qu'elle courait rapide.

Les chevaux des gendarmes quoiqu'ils fussent dressés à l'obéissance passive, piétinaient, renâclaient et refusaient énergiquement de pousser plus avant.

Le griffon du garde se tenait coi, derrière, la tête basse, la queue traînante.

Les gendarmes étaient devenus fort pâles.

Le père Antoine, seul, était rouge comme une crête de coq, en colère et déterminé.

La peur le rendait téméraire.

Toutefois, la curiosité le tenait encore à sa place, la tête penchée pour voir.

En face des gendarmes troublés, quoi qu'ils fissent, les chasseurs demeuraient immobiles, quoique ricanant; les chiens ne bougeaient point et restaient silencieux ? le grand chat noir continuait à fouiller de son mufle la fourrure du daim ; la chasseresse impassible, semblait elle-même ne pas s'apercevoir de l'arrivée des nouveaux venus : tous ces êtres se mouvaient en quelque sorte dans le fantastique, se souciant peu de la réalité.

Mais tout à coup Antoine mit pied à terre, toisa insolemment le brigadier, et le défiant :

— On va lui mettre la main au collet, à la grande fade, dit-il, pendant que vous restez planté comme un imbécile sur les quatre pieds de votre cheval.

Et sifflant son griffon, qui eut l'insigne courage d'obéir, il fit quelques pas en avant.

Cette démarche hostile eut un résultat déplorable.

Les chiens se levèrent tout à coup et entourérent le garde d'un bond; deux des plus grands, les chefs de meute, empoignèrent chacun un pan de son habit, et les autres lui montrèrent des crocs formidables, tandis que l'un d'eux, un seul, en quatre coups de dents, mettait le griffon en fuite.

Le père Antoine voulut faire un pas ; les levriers donnèrent un coup sec à son habit, et le bonhomme fut renversé net sur le sol, où il se débattit.

Les gendarmes, trop réellement braves pour abandonner leur camarade, avaient dégainé et s'apprêtaient à le dégager, quand au sifflement d'un cavalier, la meute vint se ranger derrière les chevaux, abandonnant le garde, qui se releva exaspéré et s'élança vers les chasseurs, les menaçant de sa carabine et les interpellant, tout en faisant force signes de croix ; car plus que jamais il se croyait en face de sorciers.

A la vue de ces démonstrations hostiles, un des cavaliers fit un geste ; un des grands chiens s'élança, saisit au vol, et d'un coup de gueule, l'arme du père Antoine, et vint l'apporter à son maître qui la plaça en travers de sa selle.

Le garde, hébêté, resta bouche béante, les mains tombantes, l'air stupide.

Les gendarmes, au contraire, allèrent droit à celui qui paraissait le chef de la chasse, et le brigadier, froidement, l'œil fixé sur celui de son interlocuteur, lui demanda :

— Vos papiers ?

Il y eut un temps de silence.

Le chasseur parut ne pas comprendre.

— Vos papiers ? répliqua le brigadier impérieusement.

Une voix de femme prononça quelques mots dans une langue étrangère ; le brigadier se retourna et il vit le père Antoine, dont toute la bravoure était tombée, se prosterner humblement aux pieds de la chasseresse et bramer tout haut un *Pater noster* bien senti, entrecoupé de :

— Grande fade, ayez pitié de moi ! Grande fade, pardonnez-moi !

Devant cet acte de repentir, la chasseresse, souriant, avait tendu un bout d'écharpe au père Antoine, qui l'avait machinalement saisi et le baisait avec ferveur.

Cependant, tout indigné qu'il était, le brigadier se contint, et répétant son injonction :

— Vos... fit-il en se retournant vers le chasseur.

S'il n'acheva pas, c'est que ce dernier lui tendait un objet ressemblant fort à un passeport.

Il le prit, le déplia, fit flamber une allumette, et lut à mi-voix la formule ordinaire des passe ports, avec ce signalement qu'il contrôla :

Taille 1 80.
Visage ovale.
Teint basané.
Yeux noirs.
Cheveux blancs.
Barbe grise.
Front haut et fuyant.
Nez aquilin.
Bouche petite et mince.
Menton pointu.

Et comme noms, prénoms et professions :

Sidi Mohammet-ben-Sallah-el-Hadj, agha

des Beni-Kendis, chevalier de la Légion d'honneur !

Puis en note :

« Nous recommandons particulièrement l'agha Sidi Mohammet, sa famille et sa suite, à toutes les autorités civiles et militaires françaises, les priant de les traiter selon les égards dus à leur rang. »

Le brigadier, vivement décontenancé, présenta le passe-port à son gendarme, qui le lut avec non moins de surprise, et qui, appelant le père Antoine, voulut lui montrer ce laisser-passer en bonne et due forme ; mais le garde continuait son *Pater* et ses supplications, avec force baisers sur l'écharpe, ce dont la chasseresse semblait ne plus se préoccuper.

Le gendarme, indigné de la bêtise du garde, lui cria :

— Antoine, mille tonnerres, venez donc !

Le garde se leva effaré.

— Tenez, lisez ce passe-port, lui dit le brigadier en prenant la pièce des mains de son camarade.

Puis tout bas :

— Imbécile que vous êtes avec *vos grandes fades* et vos sorciers ! ces gens-là sont des Arabes.

— Des Arabes ?

— Oui, le passe-port le dit.

— Le passe-port ?

— Certainement, le passe-port, lisez-le.

Et maître Antoine, flambant à son tour une allumette, déchiffra les noms et le signalement.

Sa figure prenait, à mesure qu'il lisait, une vive expression de dépit, ce dont le brigadier semblait ravi.

— Eh! lui dit-il à l'oreille, vous qui vouliez tout avaler, monsieur Antoine de Tranche-Montagne, vous voilà bien penaud; l'avez-vous assez baisée la robe de la *grande fade*!

— C'est bon! fit Antoine; on s'est trompé et il y avait de quoi; vous n'étiez pas si crâne tout à l'heure, vous, brigadier! Vous n'osiez pas avancer sur eux.

— Un vrai brave est prudent, dit simplement le brigadier qui avait sa conscience pour lui.

— Hum! hum! fit le garde, reste une question; les passe-ports, c'est très bon pour se promener, mais pour chasser il faut un permis, et je vais demander le sien au Bédouin.

Il interpella le chef insolemment :

— Votre permis?

Le vieil Arabe, qui ne comprenait pas un mot de français, s'inquiéta, et interrogea de l'œil la jeune femme, qui n'était autre que sa fille.

Celle-ci ne savait pas assez notre langue

pour saisir la demande du garde; elle ne put traduire.

— D'abord, reprit Antoine, vous auriez un permis que ça ne servirait à rien, vu que vous êtes sur les terres de M. Billotte, et qu'il ne vous a pas permis d'envahir sa forêt, avec des bêtes sauvages sans tête et des femmes sans jambes.

Les deux gendarmes se mirent à rire.

— Pourquoi vous permettez-vous de vous gausser de moi? demanda Antoine furieux.

— Vous parlez de bêtes sans têtes, camarade, dit le brigadier revenant au langage fleuri; vous m'avez tout l'air d'avoir perdu la vôtre, en tenant ce langage incohérent sans *lime ni raison.*

— Cet animal, que vous appelez sauvage, ajouta le gendarme en gouaillant, est un dromadaire à plusieurs bosses, dont auquel on en voit de ses semblables dans les déserts d'Afrique, où ils servent à transporter les troupiers, à preuve la campagne d'Egypte et les Mameluks. Seulement, quand il court, sa petite tête semble se confondre avec son cou. Voilà!

Et tout fier de sa vaste érudition, le gendarme tortilla sa moustache.

— Et la femme? fit le garde, s'apercevant enfin que le chameau n'était pas guillotiné, comme il l'avait supposé.

— La femme! répéta le brigadier.

— Eh oui! la femme, reprit le garde avec aigreur, pourquoi est-ce qu'elle n'a pas de jambes?

— C'est ce qui ne vous regarde pas, camarade; si une dame juge à propos de ne pas avoir de jambes, je me demande ce qu'un forestier peut y trouver à redire, du moment où cette personne du *sesque* n'est pas destinée à son usage personnel et particulier.

En ce moment, comme pour venir en aide au brigadier et calmer les fureurs de maître Antoine, offusqué qu'une personne du *sesque* n'eût pas tous ses membres, la jeune fille arabe fit plier les genoux à son chameau, qui était de l'espèce particulière des maharis, et elle sauta légèrement à terre, après avoir débouclé les sangles qui l'attachaient sur la selle.

Antoine s'aperçut alors qu'elle s'était tenue accroupie, à la façon orientale, mais que, loin d'être estropiée, elle était complète, et possédait même un mollet d'une jolie tournure.

— Là! fit le gendarme, vous voilà content, maître Antoine; mademoiselle va sur deux pieds, comme vous et moi, et ce n'est pas la *grande fade!*

— Blaguez, blaguez, dit Antoine; rira bien qui rira le dernier, messieurs les gendarmes!

— Encore cette parole inconséquente, fit le brigadier; je vous avais défendu de vous en servir à mon endroit.

— C'est pour ça que je le fais, dit le garde; ça vous vexe, et je suis content. Mais assez de balivernes! J'arrête tout ce monde-là pour délit de chasse.

— La bête qui est là-bas aussi? demanda railleusement le gendarme.

— Tiens! fit le brigadier, au fait, je n'y pensais plus à cet animal extraordinaire; c'est bien dommage que l'Arabe ne parle pas français; on le questionnerait.

— Ce n'est point la peine, dit le gendarme, je sais ce que c'est, moi.

— Ah! fit Antoine.

— J'ai tenu garnison à Paris, et j'y ai vu, au Jardin-des-Plantes, une bête pareille dont j'ai retenu le nom, à cause du proverbe, qui dit d'un homme à forte vue qu'il a des yeux de lynx, pour lorse, c'en est un.

— Ils l'auront apprivoisé! observa le brigadier. De plus, il est muselé, et il a les pattes comme qui dirait gantées; c'est même assez bizarre de voir des bêtes féroces se promener dans les forêts avec des gants.

Et les gendarmes de rire.

Et Antoine de répondre :

— Ça ne fait rien! J'arrête tout le monde!

Ce qui crispa le brigadier.

— Là, ne nous enflammons pas si vite,

dit-il. Faites un procès-verbal, et n'arrêtez personne; ces voyageurs ont des passeports en règle qui constatent leur identité; vous ne pouvez pas leur mettre dessus une main téméraire, qui contrarierait la loi et les magistrats.

— C'est vrai ! fit le garde.

Puis à mi-voix :

— C'est égal, je leur flanquerai toujours un procès-verbal soigné, et nous verrons.

— Nous ne verrons qu'un garde chassé, dit une grosse voix tout à coup.

Chacun se retourna.

Une troupe de chasseurs assez considérable, celle-là même que le garde avait trouvée faisant la battue, était arrivée pendant l'altercation; elle était précédée par celui qui avait prit la parole.

Il était vêtu de la façon que nous avons dépeinte précédemment, et il se tenait fièrement campé sur son fusil, la main au canon, le poing sur la hanche.

— Oui, maître Antoine, oui, on vous donnera votre compte, mon ami, répéta-t-il.

— Il sait mon nom ! dit le garde.

— Et beaucoup d'autres choses encore, fit l'inconnu d'un air de menace.

— Vous êtes donc un ami du régisseur, vous? demanda Antoine d'un ton rogue, mais moins assuré.

— Ton régisseur, qui est un drôle, sera

chassé aussi, et avec lui tous les corbeaux du château.

— Ah ! ah ! ah ! fit Antoine en riant aux éclats ; voilà une fameuse farce !

Et étendant la main.

— Vous êtes tous des farceurs ! dit-il ; je vous arrête, tas de blagueurs que vous êtes !

Puis aux gendarmes :

— C'est une mascarade de bourgeois qui s'amusent et se fichent de nous.

Mais les gendarmes, qui savaient ce que vaut la signature d'un gouverneur de l'Algérie, ne partagèrent point l'hilarité de maître Antoine.

En ce moment, du château, on entendit sonner du cor.

Tous les chasseurs tressaillirent.

V

Où il se passe de singulières choses à la barbe des gendarmes.

Le son du cor fit tressaillir tout le monde.

— Qui diable peut jouer de la trompe au château ? se demanda le garde inquiet.

Quant aux gendarmes, ils étaient devenus fort attentifs depuis que l'on avait parlé de mettre à la porte du château maître Billotte, le régisseur.

Parmi les chasseurs il y eut des regards rapides et des observations échangées à voix basse; puis un cavalier piqua des deux et s'éloigna au galop malgré ronces, épines, taillis et cailloux.

Quant à l'interlocuteur d'Antoine, il se contenta de se retourner vers ses compagnons et leur dit quelques mots dans une langue inconnue : après quoi, il reprit :

— Or çà, monsieur le garde, nous voulons donc malmener les amis de notre seigneur et maître?

— Puisque vous menacez le régisseur, vous n'êtes pas son ami, observa Antoine.

— Cette forêt est donc à M. Billotte et tu es à son service? fit le chasseur.

— Oui, certes!

— Tu te trompes, mon ami.

— Pas du tout.

— Si, te dis-je.

Les gendarmes observaient, avec une vive curiosité, les péripéties de cette scène.

Le chasseur, homme d'environ trente ans, de magnifique prestance et superbe d'assurance, avait conquis toutes les sympathies de la maréchaussée.

— Vous être, maître Antoine, reprit-il,

au service du comte Raoul de Lavery et de mademoiselle Jeanne de Lavery, héritiers tous deux du comte Louis.

— Mais...

— Mais un régisseur insolent a fait disparaître, on ne sait où, la jeune héritière.

— Elle est au couvent...

— Silence ; elle est on ne sait où.

Puis avec un regard scrutateur :

— Vous le savez peut-être, vous ?

Le garde ne se troubla pas sur ce chef d'accusation et ne manifesta que de la surprise.

— J'*en* ignore ! fit-il.

Le chasseur reprit :

— Quant au jeune comte, vrai propriétaire de la forêt, il est en ce moment au château et il y demande compte, au régisseur, de sa fortune et de sa sœur, retirée depuis dix ans du couvent des Oiseaux.

— Diable ! murmura le gendarme.

— Diable ! fit son écho fidèle.

— A cette heure, le comte doit avoir trouvé le lieu où l'on cache sa sœur, car il vient de sonner l'un de nos cavaliers pour lui aider sans doute à l'aller chercher sur les indications du sieur Billotte.

Le brigadier s'avança.

— Il y aurait eu séquestration peut-être ? demanda-t-il au chasseur.

— Ce n'est pas probable ! répondit celui-ci. Depuis que nous connaissons la réponse de la supérieure du couvent des Oiseaux, — à laquelle nous avions écrit étonnés de ne pas recevoir une lettre de mademoiselle Jeanne, que nous prévenions de notre arrivée en France, — nous avons étudié la question et conclu que maître Billotte est une trop fine canaille, pour se mettre complètement dans le cas de passer en police correctionnelle ou en cour d'assises. Il aura placé mademoiselle de Lavery dans quelque village éloigné, où il lui laisse ignorer qui elle est, attendant d'avoir la certitude de la mort de son neveu, pour se débarrasser de sa nièce.

Les deux gendarmes échangèrent un coup-d'œil, qui voulait dire assez clairement :

« C'est bien possible. »

Maître Antoine faisait bien piteuse mine et portait l'oreille bien basse; les gendarmes souriaient de pitié en le regardant.

— Allons au château, messieurs, dit le chasseur, le comte nous y attend, camarades; emportons le gibier surtout.

Puis aux gendarmes :

— Vous ferez bien de nous suivre, messieurs, peut-être y aura-t-il de la besogne pour vous.

En pareil cas, la maréchaussée ne se fait pas prier deux fois et les gendarmes rassemblèrent les rênes de leurs chevaux, se tenant prêts.

— Ibrahim! dit encore le chasseur, emporte le daim en travers de ta selle.

Et aux gendarmes :

— Le comte, prévoyant que nous ne trouverions pas à souper au château, nous a engagés à nous munir de vivres; nous n'en manquerons pas, j'espère.

Il montrait les carniers de ses amis.

La jeune fille avait repris place sur son mahari, — on appelle ainsi les chameaux coureurs; — elle avait rappelé le lynx qui, docilement, était venu s'asseoir devant elle.

— Excellente bête, tenez, dit le chasseur aux gendarmes; ça vous a le flair d'un chien et c'est plus docile qu'un griffon, avec cela fort et agile. Mais, nous sommes obligés, ici, de le tenir muselé; on l'a exigé de nous.

Au mot de griffon, Antoine se rappela le sien et, ne le voyant pas, le siffla.

Peine perdue.

Le chien avait reçu un tel accueil qu'il s'était enfui au château.

On se mit en route.

Les gendarmes observèrent les chasseurs et remarquèrent qu'ils parlaient tous une langue inconnue, qui leur parut contenir un grand nombre de mots français affublés de terminaisons étrangères.

C'était le sabir.

Disposés à la plus grande politesse, mais curieux, sans défiance, le brigadier interrogea celui qui paraissait le chef de la bande.

— Monsieur, lui dit-il, nous avons itérativement le droit de vous demander qui vous êtes; mais nous avons trop de civilité pour le faire; si vous vouliez nonobstant avoir celui de nous le dire, nous en serions flattés.

— C'est trop juste, fit le chasseur.

Les deux gendarmes étaient tout oreilles, le garde ne perdait pas un mot.

— Le comte de Lavery, moi et mes amis, sommes des tueurs de lions ou de panthères, des chasseurs d'antilopes, de gazelles ou d'autruches.

« Nous appartenons à différentes nationalités; mais nous sommes tous dévoués les uns aux autres jusqu'à la mort et nous vivons ensemble.

« Nous sommes venus à Paris, à la suite de Raoul, pour vendre nous-mêmes nos pelleteries et nos plumes que les juifs d'Alger nous achètent à trop bas prix et en même temps pour visiter Paris, avant de tenter une entreprise qui doit nous mener tous à la fortune et à la gloire.

« Nous avons besoin de fonds.

« Raoul va engager ses terres.

« Moi, je suis Polonais, j'étais fort pauvre il y a dix ans; ma vie de chasseur m'a donné l'aisance, je viens d'hériter d'un parent et nous allons réaliser deux ou trois cent mille francs, qui nous sont nécessaires pour atteindre un but que nous poursuivons.

« Quant aux Arabes, qui font route avec nous, ce sont les serviteurs de Mohammet, l'agha des Beni-Kendi, un des plus grands seigneurs de l'Algérie, qui vient pour marier sa fille à un Français.

— Ah! firent les gendarmes.

— Oui, Fatma est décidée à épouser un Français parce que, selon elle, eux seuls respectent les femmes et savent les aimer; elle ne veut même pas d'un colon, prétendant que le voisinage des tribus gâte nos compatriotes et qu'ils ne sont pas assez galants. Elle a une fortune de plusieurs millions, et comme beauté, vous pouvez en juger.

Les deux gendarmes se retournèrent comme un seul homme et l'examen fut des plus favorables, car le brigadier, se penchant vers le chasseur, lui dit en souriant :

— Si cette jeune personne avait par hasard un penchant pour les militaires, je vous prierais de ne pas me le cacher car je n'ai pas encore convolé.

Le brigadier, en disant cela, parlait moitié sérieusement, moitié en plaisantant, comme un homme qui n'ose hasarder une demande qu'en ayant l'air de rire, mais qui serait enchanté qu'on le prît au mot.

Le chasseur sourit, dans son épaisse moustache, de cette prétention outrecuidante.

— Brigadier, dit-il, le champ est libre, chacun peut faire sa cour et vous êtes bel homme.

Le brigadier se rengorgea.

Il ne s'attendait pas à être encouragé de cette façon engageante.

Le gendarme n'avait pas perdu un mot de cette conversation; voyant que son chef avait des chances, il se disait qu'il pouvait en avoir également, et il voulut poser sa candidature; à cet effet, manœuvrant habilement, il parvint à faire passer son cheval à gauche du chasseur et, par un signe mystérieux, lui montra qu'il désirait lui parler.

Le chasseur ralentit sa marche.

A distance de son chef, le gendarme fit cet aveu :

— Pour lorse, je vous dirai, monsieur, que si c'était un effet de votre bonté de toucher deux mots sur mon compte à cette belle Arabesque, vous n'auriez pas affaire à un ingrat et je vous ferais sentir les marques de ma reconnaissance pour le restant de vos jours.

— Que faut-il dire? demanda le chasseur.

Le gendarme se recueillit, puis après avoir médité pendant quelques minutes :

— Vous exposerez à cette enfant du désert que le soleil de son pays n'est qu'un lampion comparé à mon cœur qui brûle depuis que j'ai vu cette admirable personne ; vous lui direz que je me fiche de sa dot comme de ma vieille paire de bottes, mais que c'est à son amour que je tiens par-dessus tout, excepté, bien entendu, l'honneur, le devoir, la consigne et les règlements militaires; bref, je mets à ses pieds mon sabre et ma vie si ça peut lui être agréable et je me dévouerais volontiers au bonheur de son existence.

— Bien ! fit le chasseur.

Puis se reprenant et pour éviter une mission ridicule :

— Pourquoi ne faites-vous pas votre commission vous-même, monsieur le gendarme ?

— C'est que parler de sa flamme tout d'un coup à une femme qu'on voit pour la première fois ça me paraît contraire à la civilité et aux usages des bourgeois.

— Bah ! Vous êtes militaire, vous.

— C'est vrai.

— Vous avez un langage séducteur, ça se voit.

— Pour céla, je sais ce qu'il faut conter

aux femmes, afin de les enjôler de la belle façon.

— Puis une fillette des tribus n'a pas les façons d'agir d'une Française qui fait la prude.

— C'est vrai encore ça ; une Arabesque ne doit pas être bégueule comme une Française, qui commence d'abord par faire la dégoûtée et qui devient gourmande comme tout de son gendarme et en redemande à se donner des indigestions, *sufficit*, je m'entends ; on sait ce que parler veut dire, pas vrai !

— Parbleu.

— Conséquemment, j'aborde carrément la question et je glisse une déclaration incombustible à cet ange-là, entre deux regards séducteurs,

— Bravo !

— Merci de votre conseil, camarade, car nous sommes camarades maintenant, n'est-ce pas ?

— J'accepte votre amitié avec plaisir, fit le chasseur, et j'en suis très honoré.

— Voilà ! Je suis bon enfant. A tout à l'heure !

— Bonne chance !

— Merci !

Le gendarme ralentit la marche de son cheval et fut bientôt à la hauteur du mahari de Fatma.

Il salua gracieusement les deux Arabes d'escorte et la jeune fillette qui répondit d'un signe de tête.

— Pour une femme des pays sauvages, pensa le gendarme, elle me paraît apprivoisée.

Il donna à sa moustache un tour conquérant, prit une pose héroïque et entama la conversation :

— Savez-vous parler français, mademoiselle ? demanda-t-il d'une voix insidieuse.

— Un peu, dit-elle.

— Tant mieux ; que c'est le langage le plus compatible avec celui des amoureux.

— Compatible ! fit-elle avec un accent guttural qui n'était pas sans charme, compatible ! Je ne comprends pas.

— Voici ! reprit le gendarme ; ça signifie que, quand un bel homme (comme moi par exemple) aime une jolie fille (comme vous, par exemple aussi), il lui est agréable de lui faire les yeux doux en français, parce que c'est une manière de parler plus engageante que les autres.

La jeune fille ne saisissait, dans cette phrase alambiquée, que quelques mots, et elle en cherchait péniblement le sens, ce qui lui donnait l'air rêveur.

Le gendarme, encouragé par ce qu'il prenait pour de la langueur, continua.

— L'alsacien, par exemple, est un jargon

désagréable : quand on dit je t'aime à une dame, on a l'air de lui proposer de baiser... sa giberne, pour parler par respect.

Et le gendarme se mit à rire bruyamment.

La jeune fille le regarda avec étonnement ; son interlocuteur crut lire de l'admiration dans ses yeux pour l'esprit qu'il avait montré.

Il en fut pâmé.

— Pour lorse, dit-il poussant vigoureusement sa pointe, que sans parler par matamore et pour m'expliquer clairement comme il convient à un homme qui n'a en vue que le bon motif, je vous dirai, belle Arabesque, que je n'ai pas les yeux dans ma poche et que je vous trouve si magnifique, que j'en ai des éblouissements dans la prunelle; mon cerveau est sens dessus dessous et mon cœur bat la générale. On m'a dit que vous voyagiez en France, pour votre plaisir, dans l'intention aimable de choisir un époux ; si dont auquel le gendarme Nicolas Lalouette avait celui de vous faire correspondre à ses feux, il s'intitulerait le plus heureux des militaires passés, présents et à venir.

La jeune fille fit un geste que le gendarme prit pour de l'émotion et qui n'était que de l'impatience.

— Veux-tu, dit-elle, me faire plaisir?

— Oh! oui, fit le gendarme.

Et à part lui :

— Mon Dieu, mon Dieu, comme ça prend vite avec ces femmes-là, elle me tutoie! Tant pis, je riposte.

Puis tout haut :

— Pour te plaire, je ferai tout ce que tu voudras, femme sensible et adorable.

— Alors, tais-toi.

— Compris, compris, murmura le gendarme, elle veut qu'on ne se doute de rien.

Il mit son chapeau sur ses yeux, cacha sa joie sous un air renfrogné et dit tout bas :

— Oh! oui, que je me tairai sur ma félicité suprême, mais la joie me débonde, j'étouffe.

Cependant un nuage se montra à l'horizon de sa bonne fortune inattendue.

Le brigadier parut.

Un rival!

Le brigadier semblait inquiet.

— Que faisiez-vous donc en arrière? demanda-t-il soupçonneusement avec un regard inquisiteur.

— Rien! répondit le gendarme.

— Comment, rien?

— Dame, non, brigadier.

— Alors pourquoi quitter votre rang qui est de marcher honnêtement à mes côtés.

— J'avais cru entendre un bruit suspect et j'ai voulu savoir ce que c'était.

— C'est bon, je comprends. Venez.

Et le brigadier furieux pressa l'allure de sa monture, suivi de son gendarme.

Ils revinrent à la hauteur du chasseur qui sifflottait entre ses dents un air de rendez-vous ; ils engagèrent la conversation avec lui, mais il y avait du froid entre les gendarmes.

Le garde, lui, ne desserrait pas les mâchoires.

La troupe marchait ainsi.

En avant, les chasseurs échelonnés deux par deux le long du sentier assez étroit.

A quelques pas d'eux leur chef, tantôt précédé d'un gendarme et suivi de l'autre, tantôt flanqué par eux selon que le chemin le permettait.

Enfin, en arrière, la jeune fille Arabe et les deux serviteurs de son père.

Pour l'intelligence de la scène qui va suivre, il était nécessaire d'exposer l'ordre dans lequel se tenaient les auteurs de ce drame.

A un kilomètre du château environ, il se produisit un fait assez singulier, qui eût peut-être attiré l'attention des gendarmes, s'ils n'eussent eu l'esprit ailleurs ; mais ce n'est pas pour rien que les poètes de l'antiquité ont mis à l'amour un épais bandeau sur les yeux

La maréchaussée ne se douta point qu'en

tête du convoi le vieil agha arrivait à pied, ayant sans doute laissé son cheval dans un taillis ; il dit à voix basse quelques mots à l'un des chasseurs qui entra dans un bouquet de charmilles et s'y déshabilla, nu comme la main.

Bientôt après un autre homme, également dépouillé de tous vêtements, se traînait en rampant vers le premier, pendant que l'agha s'éloignait en toute hâte.

Il arriva près de sa fille.

— Viens ! lui dit-il en arabe.

Elle sauta à terre et s'enfonça avec son père dans un fourré très-sombre.

Le vieillard tira un costume complet de chasseur de dessous son burnous et le tendit à sa fille, qui lui demanda d'un air assez effaré.

— Père, pourquoi ce déguisement ?

Mais l'agha, laconiquement, lui dit :

— Danger grave ! Dépêche.

Elle ne fit plus d'observations.

Pendant ce temps, l'agha tirait de sa poche un de ces couteaux affilés qui servent, en Algérie, de rasoirs et de poignards aux indigènes ; il repassa la lame sur le fourreau avec un soin minutieux.

Fatma le regardait faire par échappées, et tout en s'habillant prestement.

— A genoux, ordonna son père d'un ton bref et impératif, quand elle eut fini.

Elle ne comprenait pas ; mais la circonstance paraissait si grosse d'importance qu'elle obéit.

L'agha prit d'une main une touffe de cheveux de sa fille et la rasa, puis il la déposa à terre.

— Père, de grâce, que fais-tu ? demanda Fatma qui perdait, non sans regrets, ses magnifiques cheveux.

— Chut !

Ce fut la seule réponse de l'agha.

Fatma se tut.

Mohammet rasa impitoyablement le crâne de Fatma, ne lui réservant au sommet de la tête qu'une mèche qu'il tressa rapidement et qu'il enroula.

— Coiffe-toi, maintenant, dit-il.

Elle mit une calotte rouge indigène.

Son père la regarda et sourit.

— Tu es, lui dit-il, un chasseur de gazelle ; tu te nommes Iousouf, tu es fils de Turc et d'Arabe.

— Bien ! fit-elle.

— Tu vas, continua-t-il, te mêler à nos amis et jouer ton rôle d'homme en conscience.

— Bien !

— Prends des armes ; l'un te donnera un moukala (long fusil indigène), l'autre une poire à poudre, chacun de quoi compléter ton équipement de chasseur.

— Et puis ?

— Rien. Va.

La jeune fille, ainsi transformée, bondit comme une biche à travers la forêt et vint prendre rang parmi les chasseurs qui, prévenus, l'accueillirent sans surprise.

Cependant l'agha, agile malgré son âge, venait à travers bois, trouver une jeune fille qui pleurait et tremblait toute seule; près d'elle un trou assez profond était creusé dans le sol fraîchement remué.

L'Arabe, sans mot dire, fit quitter à cette paysanne, — c'en était une, — son costume berrichon ; et, sans souci de ses alarmes pudiques, de ses protestations, procéda à son travestissement en femme algérienne ; ce qui fut vite fait.

La petite frissonnait.

L'agha, pour la calmer, lui baisa la main avec une galanterie respectueuse qui la rassura.

Mais, quand il tira son poignard pour couper les cheveux de la jeune fille, elle le supplia du geste si tendrement qu'il ne fit l'opération qu'à moitié ; il scia en quelque sorte les tresses de la paysanne à hauteur du cou seulement ; puis parmi les cheveux qui restaient, il entremêla par nattes habilement combinées les cheveux noirs de sa fille qu'il avait apportés ; il s'assura que les entrelacements étaient solides et coiffa lui-même la paysanne de façon que, sous son chichia algérien, on ne vît point sa vraie chevelure, tandis que celle empruntée à Fatma débordait sur les épaules.

Ayant parfaitement réussi, il tendit la main à la fillette et la conduisit au mahari sur lequel il l'installa solidement en l'y assujettissant avec une ceinture qui la maintenait très-énergiquement sur sa monture.

Se tournant alors vers ses Arabes :

— Voilà Fatma, ma fille, dit-il.

Et il mit un doigt sur ses lèvres.

— Bien ! firent les deux Arabes.

L'agha demanda :

— Les chaouchs (gendarmes) français ont-ils vu Fatma de près tout à l'heure ?

— Ils lui ont causé ! dit un Aarabe.

— Ils ont pu juger qu'elle était brune !

— Oui.

— Malgré la nuit ?

— Oui, ils la regardaient beaucoup.

— Tout ira bien, s'il plaît à Dieu.

Le vieil agha se perdit dans le bois après avoir fait quelques recommandations à ses serviteurs.

D'autre part, à peine avait-il quitté l'endroit où la paysanne avait abandonné ses effets, qu'un homme nu venait les enterrer dans le trou creusé à cet effet ; il y plaçait aussi la chaussure et tout ce qui eût pu servir d'indices révélateurs.

Il ne quitta la place qu'après avoir fait disparaître sous des feuilles sèches les marques de son travail.

— Allons, murmura-t-il en français, tout est pour le mieux ; on ne se doutera de rien.

A son tour il partit, pointant droit devant lui.

. . . .

Les gendarmes, toujours préoccupés de Fatma et de ses millions, ne se doutaient guère de tout ce qui se passait si près d'eux ; ils étaient grisés d'espoir.

Le chasseur entretenait leurs illusions ; il avait entendu un léger cri, quelque signal, et aussitôt il avait remis la conversation sur la fille de l'agha.

— Camarades, leur disait-il, vous me semblez vous bouder tous les deux ; ça me peine.

Le chasseur, un peu hautain auparavant, quittait son grand air et se faisait bonhomme.

— Mais non, mais non, lui répondit le gendarme ; je ne boude point mon brigadier, au contraire

— Je sais ce que je dis, reprit le chasseur ; j'ai entendu vos confidences à tous les deux.

— Ah ! fit le brigadier.

Le gendarme ne souffla mot.

— Ainsi, s'écria le brigadier, vous aussi vous l'aimez cette jeune Africaine ?...

Ce *vous aussi* fut aussi amer que le *tu quoque* de César à Brutus.

— Dame ! fit le gendarme, chacun son droit.

— Sans doute, riposta le brigadier, mais vous avez pris les allures du serpent pour tromper votre supérieur et lui subtiliser le cœur d'une dame.

— Moi ?

— Oui !

— Brigadier !...

— Gendarme !...

Le chasseur, que cette querelle amusait, jugea pourtant à propos de la faire cesser.

— Là ! messieurs, ne vous disputez pas.

— C'est que le procédé est indigne d'un homme qui porte la buffleterie jaune, dit le brigadier.

— Oh ! indigne ! protesta le gendarme.

— Je maintiens le mot.

— Vous êtes vexé, voilà.

Le chasseur se jeta résolûment en travers de cette conversation peu anodine.

— En vérité, dit-il, je ne vous comprends pas ; vous vous querellez comme des enfants.

— C'est vrai, dit le gendarme.

Le chasseur reprit :

— En somme, que voulez-vous tous deux ?

« Epouser Fatma ?

— Oui.

— Eh bien ! qui vous empêche de conclure un pacte loyal et franc ensemble ?

— Volontiers, dit le gendarme, sûr de vaincre après ce qui s'était passé entre lui et Fatme.

Le chasseur continua :

— Nous allons dîner au château ; on vous placera à côté de la jeune fille, car vous ne refuserez pas de partager notre repas, n'est-ce pas ?

— Sans doute, sans doute.

— Vous serez aimables sans perfidie, vous ferez valoir vos moyens, et, ma foi, au petit bonheur. Qui vaincra vaincra.

— Est-ce dit, brigadier ? demanda le gendarme.

— C'est dit, fit celui-ci charmé.

Les deux braves se tendirent la main et se la serrèrent cordialement.

— Pour ma part, s'écria le gendarme, j'aime mieux que la chose tourne ainsi ; deux militaires doivent être honnêtes et sans embûches l'un pour l'autre.

— A la bonne heure ! dit le chasseur.

On approchait du château.

— Nous allons voir le comte? fit le brigadier.

- Peut-être! dit le chasseur.

- Pourquoi peut-être?

— Dame! sa sœur n'est pas là.

— Tiens, au fait, c'est vrai.

— Il sera, impatient, parti à sa recherche.

— Probablement.

— Pour peu que le village ou la ville dans laquelle elle se trouve soit éloignée, nous ne verrons point Raoul de toute cette nuit, messieurs.

— Tant pis.

— Tant mieux. L'absence du maître de la maison donne de l'aisance aux hôtes.

— C'est vrai.

— Vous serez plus à l'aise pour mener votre entreprise à bonne fin.

— Vous avez raison.

Puis le brigadier demanda :

— Pardon, excuse, comment vous nomme-t-on, camarade? Je serais heureux de le savoir. Vous avez l'air d'un bon vivant et d'un excellent compagnon.

Le chasseur sourit.

— Allumez une allumette, dit-il.

Et il tira son passe-port.

Le brigadier le prit, et vit qu'il avait l'honneur de causer familièrement au prince de Nadieff.

Pauvre brigadier, il en fut tout démonté.

Un chasseur de panthères, prince... et ce constaté par un passe-port authentique...

Il y avait de quoi tomber de son cheval...

Cependant le brigadier resta sur le sien.

On arrivait au château, et l'on y trouva Mohammet qui attendait ses compagnons, une lettre à la main.

— Pour toi ! dit-il au prince de Nadieff.

Celui-ci ouvrit la missive, lut, et, en la passant au brigadier de gendarmerie, dit :

— Messieurs, le comte est parti avec le régisseur pour chercher sa filleule. Ne comptons plus sur lui. Il nous engage à sabler le vin du château à sa santé, et il ordonne au garde Antoine d'aider quelques-uns d'entre nous à préparer le dîner, car notre ami a emmené l'unique cuisinière de la maison, pour servir de femme de chambre à mademoiselle de Lavery...

— Voilà qui va bien ! dit le brigadier.

Et toute la troupe entra dans la cour.

Les gendarmes ne remarquèrent pas une tache de sang qui rougissait le sol ; l'un des chasseurs la vit et l'effaça rapidement ; puis il dit à un de ses camarades :

— Il doit y avoir eu mort d'homme ici ; pourvu que ces gendarmes ne se doutent de rien !...

VI

Comment le sieur Billotte, homme de précautions, s'assurait le consentement d'une jeune fille à un mariage.

Pendant que ces événements se déroulaient en forêt, d'autres non moins importants s'accomplissaient au château.

Au moment où un inconnu plongeait par la fenêtre un regard si curieux à l'intérieur, Jeannette s'était enfuie; mais, comme elle ouvrait la porte de l'office, l'étranger l'arrêta en lui disant fort doucement :

— N'ayez pas peur, ma jolie fille; je vous assure que je ne vous veux pas de mal.

Sans trop savoir pourquoi, Jeannette prit de suite confiance en ces paroles.

Etait-ce à cause du son sympathique de la voix, ou en raison de la figure loyale de cet étranger?

Pour les deux motifs.

Sans qu'elle sût pourquoi, Jeannette, aux premiers mots, avait tressailli d'aise.

Quant au visage de ce visiteur étrange, il parlait fort en sa faveur.

Qu'on s'imagine un magnifique profil aquilin, respirant la hardiesse et la fran-

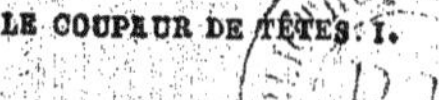

chise, un front superbe de développement, haut, ferme et droit; un œil bleu, tendre, doux, mais singulièrement brillant et assuré; une barbe fauve, jetant des reflets d'or sur un teint bronzé, et comme cadre à cette figure bien faite pour frapper une femme, une chevelure épaisse, léonine, d'un blond ardent, d'un éclat singulier.

L'étranger, grand, mince, élégant de gestes et royal d'allures, pouvait avoir vingt cinq ans ; il portait le costume qui avait si fort intrigué le garde Antoine.

Seulement le cachemire de sa ceinture était d'une richesse fabuleuse; ses armes rutilaient; son caban blanc était d'une laine plus fine que le lin; son long fusil étincelait d'ornements et de ciselures.

Bref, Jeannette qui, au premier coup d'œil, avait parlé de bandit, vit bien, au second, qu'elle s'était singulièrement trompée sur l'étranger.

Quant au régisseur, les yeux bêtement ouverts, il ne soufflait mot.

Adossé à la cheminée, il défaillait, pressentant quelque chose de fatal pour lui.

L'étranger fit un pas vers Billotte, le prit par le bras, l'amena au milieu de l'office, le toisa entre les deux yeux et lui dit de sa voix sonore :

— Eh bien, maître Billotte ?

— Quoi! fit le régisseur.

La crainte avait amené une bave gluante aux lèvres de ce dernier et en marquait les coins.

Il prononça ce *quoi* sur un ton empâté et étranglé ; il n'eût pu trouver deux mots ensuite.

L'étranger railleur lui dit :

— Buvez un verre d'eau, maître Billotte ; vous étouffez, mon cher ami.

Et à Jeannette :

— Un peu d'eau, mon enfant.

La jeune fille s'empressa.

Billotte se laissait faire comme un enfant ; il but avidement.

— Là ! vous voilà remis, fit l'étranger.

— Oui ! dit Billotte.

Puis, avec un peu plus d'assurance :

— Que voulez-vous ? demanda-t-il.

— Regardez-moi donc bien ! Vous le devinerez peut-être, répondit l'étranger.

Mais Billotte ne pouvait mettre un nom sur cette figure imposante.

— Je ne sais, fit-il.

Jeannette, qui s'était placée de façon à bien voir le chasseur, ne le quittait point du regard ; il lui semblait qu'il ne lui était pas inconnu.

Celui-ci reprit :

— Faut-il donc, mon cher oncle et ex-tuteur, vous apprendre que vous avez le bonheur de voir devant vous votre neveu bien-aimé, Raoul de Lavery.

Au lieu de se troubler, au lieu de trembler, au lieu de pâlir, Billotte, en face du danger, reprit tout à coup son sang-froid et son insolence; il releva la tête.

C'était une de ces natures que le péril vague effraye, mais qui grandissent à mesure que la menace se dessine et prend un corps.

— Ah ! fit-il sardoniquement, vous êtes mon neveu, ce drôle que j'ai chassé jadis !

Et il se mit à rire avec ironie.

Mais Raoul ne se préoccupait plus de son oncle, car un fait bizarre se passait.

Jeanne, qui d'abord avait pâli à cette révélation, s'était élancée d'abord vers le jeune homme, les bras étendus; puis elle s'était arrêtée court.

— Qu'avez-vous donc, ma chère petite ? demanda Raoul surpris en s'approchant d'elle.

— Oh ! rien, dit-elle; la joie de vous voir, monsieur le comte, car j'espère que vous serez bon maître.

— Tu ne te trompes pas, fillette.

Et à Billotte :

— Il paraît que vous n'êtes pas changé, mon oncle, on ne vous aime guère ici.

— Mon oncle, mon oncle, fit le régisseur ; il faudrait voir, monsieur l'aventurier.

Et toisant Raoul à son tour :

— Vous arrivez déguisé comme en carnaval, vous me traitez d'oncle gros comme le bras, et vous vous imaginez que je vais vous reconnaître.

— Mon Dieu, oui.

— Il faudrait voir.

— Des preuves? Vous demandez des preuves, n'est-ce pas?

— Et de bonnes, encore.

— Je conçois : vous avez des raisons pour les exiger excellentes, cher oncle.

— Je l'avoue.

— Eh bien, en voilà !

Et Raoul, écartant son caban, sa chemise et son gilet, montra sur sa poitrine un de ces signes qui marquent les enfants, lorsqu'une envie ou une peur a frappé leurs mères enceintes d'eux.

C'était une chauve-souris parfaitement dessinée.

Jeannette poussa un cri de surprise d'abord, de confusion ensuite, puis elle rougit.

D'après les idées mesquines de pudeur qui règnent en France, une poitrine d'homme n'est pas chose à regarder pour une fillette.

Qu'a d'indécent, pourtant, une poitrine !

Mais passons...

Cette marque indélébile ne produisit sur le régisseur aucun effet.

— Bon ! fit Billotte. Et après ?

— Après ? Ce passe-port est en règle.

Billotte lut avec indifférence.

— Ceci et rien, c'est la même chose, monsieur, dit-il avec dédain.

— Vous vous imaginez donc que l'autorité a délivré un passe-port sans preuves ?

— Ça s'est vu.

— Pas souvent, que je sache.

— Enfin, légalement, votre oiseau, vos papiers et votre aplomb n'établissent pas votre identité, mon jeune et hardi camarade.

— Attendez donc, j'ai autre chose.

— Quoi ?

— Des certificats légalisés...

— Qui attestent...

— Que Jean-Pierre Hidoux, ex-garde chasse, renvoyé par vous, m'a recueilli au château de la Bère, à vingt lieues d'ici; qu'il m'y a fait passer pour son petit-cousin; que j'y suis resté jusqu'à l'âge de quinze ans.

Le régisseur ne se dissimula pas qu'il lui serait difficile de lutter contre de pareilles preuves.

— Montrez-moi donc ces pièces ? demanda-t-il.

— Point du tout. Elles sont en bonnes

mains, chez un notaire, et parfaitement en règle.

— Vous dites cela...

— Et je suis à même de vous empêcher d'en douter, car voici un reçu de ce notaire.

Le comte exhiba l'attestation.

— Ah ! ah ! fit-il. Vous voilà, bon gré mal gré, forcé de m'admettre au sein de la famille.

— Provisoirement ! hasarda le régisseur.

— De tuer le veau gras !

— Hum ! hum !

— De me mener à l'appartement de ma petite sœur Jeanne, qui sera enchantée de me sauter au cou.

— Elle n'est point ici.

— Bah !

— Non. Elle est à Paris.

Le régisseur cherchait à gagner du temps.

Georges insista :

— Vraiment ! A Paris !

— Au couvent des Oiseaux.

Et Billotte essayait de dominer du regard Jeannette qui cherchait, dans son corsage, la lettre refusée.

— Vous mentez, cher oncle, dit Raoul.

La figure du jeune homme prit alors une expression menaçante, et ses yeux lancèrent deux gerbes magnétiques qui firent reculer le régisseur.

Le comte s'avança lentement, prit le régisseur par le collet, le secoua avec une force irrésistible et lui dit :

— Billotte, si vous avez commis un crime, vous êtes mort : je n'attendrai pas une condamnation pour vous brûler la cervelle moi-même avec ce pistolet.

De sa main restée libre, le jeune homme appuyait sur le front de son oncle le canon de son arme.

Celui-ci suait à grosses gouttes.

— Je suis innocent ! s'écria-t-il.

— Innocent ! Elle est donc morte ?

Et le visage du comte prit une expression de menace effrayante pour le régisseur.

— Non ! non ! supplia celui-ci.

— Elle vit, alors ?

— Oui.

— Où est-elle ?

— Lâchez-moi, je vais vous le dire.

— Parle, où je te fais sauter le crâne.

— Mais vous m'étranglez !

— Parleras-tu, misérable !

— Im... pos... pos... sible.

Le régisseur râlait.

Jeanne intervint.

— Vrai, monsieur Raoul, il ne peut vous répondre, observa-t-elle ; vous l'étouffez.

— Tu as raison, petite, dit le comte.

Et il lâcha son oncle.

— Ouf! fit celui-ci respirant bruyamment.

Il s'essuyait le front.

Le comte s'était croisé les bras, tenant toujours son pistolet armé, prêt à faire feu.

— Gredin! dit-il, tu en prends à ton aise.

— Laissez moi souffler, que diable! s'écria Billotte qui voulait réfléchir.

Ce ton exaspéra Raoul.

— Maître Billotte, dit-il, une dernière fois, répondez catégoriquement: Où est ma sœur?

Et il visa le régisseur.

La vérité était trop dure à dire.

— Rappelez-vous donc qu'il y a des juges pour les assassins en France, dit l'oncle.

— Des jurés, vous voulez dire.

— Des jurés qui vous condamneront au bagne si vous me tuez, mon cher neveu.

— Du tout; ils m'acquitteraient.

Et pour déterminer son oncle, ne lui laisser aucun doute, il ajouta:

— Au reste, j'ai le moyen, un moyen infaillible d'éviter une condamnation.

— Par exemple!

— Je déclarerai que vous vous êtes suicidé en vous voyant surpris par moi.

— On ne vous croira pas.

Raoul jugea que discuter plus longtemps était inutile.

— Ah ! c'est ainsi... dit-il.

Et il arma le chien du pistolet.

Le sourcil froncé, il étendit si rapidement le bras qu'il avait ramené à lui en dialoguant, que l'oncle n'eut que le temps de se lever.

— Voilà Jeanne ! cria-t-il.

Il montra Jeannette.

— Ma sœur !

— Sa sœur !

Les deux exclamations partirent en même temps, et presque en même temps les deux jeunes gens tombaient dans les bras l'un de l'autre avec effusion.

— Pauvre petite Jeanne ! J'aurais dû te reconnaître ; tu ressembles à notre mère dont j'ai conservé la miniature, disait Raoul.

— Et moi, je sentais bien que quelque chose me poussait vers vous, reprit Jeanne.

— Mais qu'est-ce donc ?

Le jeune homme regardait l'accoutrement de la jeune fille avec stupéfaction.

— En cuisinière ! dit-il.

Elle baissa les yeux.

— M'expliquerez-vous ce que cela signifie, mon oncle ? demanda Raoul dont le visage s'empourpra d'un flot de sang qui du cœur montait au front.

Billotte se tut.

— Jeanne, parle, toi!

— J'étais servante ici, mon frère, dit-elle avec un certain enjouement.

— Toi! une Lavery!

— Mon Dieu oui!

— Et tu as consenti?

— J'ignorais qui j'étais.

— Il a osé...

Et bondissant vers son oncle :

— Comment, misérable, vous avez fait une laveuse d'assiettes de votre nièce!

— Il voulait ce matin me forcer à l'épouser; je comprends pourquoi, maintenant.

Toutes ses batteries démasquées, Billotte n'avait plus rien à cacher, par conséquent plus rien à attendre de Raoul; il leva le masque.

— Oui, dit-il insolemment, vous triomphez; mais j'ai failli réussir.

— Scélérat! murmura Raoul avec une fureur concentrée que brava Billotte.

— N'importe! Je vous ai pris une bonne moitié de votre fortune, mes bons amis.

Il ricanait.

— Ce que je tiens, je le garderai.

— C'est ce qu'on verra! gronda Raoul.

— Bah! C'est en or et en lieu sûr.

Raoul haussa les épaules.

— Puis, ajouta Billotte avec ironie, j'ai beaucoup fait rosser mademoiselle Jeanne.

— Qui s'en souvient pour vous maudire, mon oncle, dit la jeune fille gravement.

— Oh! ta malédiction, je m'en moque, ma petite; mais tu n'en as pas moins ciré mes bottes.

Et il se disposait à sortir.

Raoul l'arrêta.

— Vous croyez donc, lui dit-il, que vous ne serez point châtié, mon oncle.

— Je l'espère! fit-il.

— Moi, je vous affirme que vous allez recevoir votre punition, et sur-le-champ.

Jeanne, malgré l'extrême douceur de son caractère, avait au fond de l'âme un étrange levain de haine dont plusieurs fois elle avait donné la mesure.

C'était une de ces natures douces, tendres, expansives dans les circonstances ordinaires de la vie; vindicatives, ardentes, dans certaines occasions.

Son frère avait les mêmes traits de caractère.

Ils tenaient tous deux de leur mère quant au fond, mais, par intervalles, le vieux sang des Lavery bouillonnait et dominait tout en eux.

La colère de Raoul était arrivée à son paroxysme et il avait changé entièrement de physionomie; un rictus étrange donnait à tous ses traits une dureté presque féroce; ses lèvres blêmes, contractées, amincies par une émotion violente, formaient des plis comme on en voit aux gueules des chats et des lions dans les moments d'irritation.

Sa main tourmentait un poignard.

Il avait remis son pistolet à sa ceinture.

Billotte se crut à l'abri des colères du comte ; il voulut le narguer et l'écraser par une révélation.

— Laissez donc votre couteau tranquille, lui dit-il, tout s'arrangera à l'amiable ; j'épouserai ma charmante nièce, qui sera enchantée de s'appeler madame Billotte.

Raoul s'indigna.

— Emportez-vous, mon cher neveu, emportez-vous si vous voulez, mais ce sera.

— Jamais !... s'écria Jeanne.

— Ne réponds donc pas ! dit Raoul.

— Vous me faites rire, avec votre assurance, dit le régisseur. Vous en rabattrez.

— Prenez garde, ma patience a des bornes.

— Vous me frapperiez !...

— Poussé à bout... je vous tuerais...

— Et dire que vous m'embrasserez le jour des noces, comme un bon neveu doit faire.

— Encore...

Billotte s'avança vers Jeanne avec une incroyable audace, et lui dit en lui pinçant le menton :

— J'avais pris mes précautions, petite.

Déjà Raoul avait souffleté son oncle.

Celui-ci garda un sang-froid exaspérant.

— Vous pouvez frapper, je suis vengé, dit-il.

— Mais que veut-il donc dire ! s'écria Jeanne.

— Que je ne suis point un sot, mignonne; qu'on vous a mise hors d'état de refuser ma main.

Et avec un geste significatif :

— Ça se verra d'ici à quelque temps, espérons-le.

Tant de cynisme eût révolté les plus patients, et les Lavery avaient toujours été prompts à châtier l'offense.

Raoul, sans mot dire, mais terrible, se plaça devant la porte de l'office, voyant son oncle se diriger de ce côté.

— Place ! dit celui-ci.

— Non, dit Raoul.

— Me retiendrez-vous malgré moi ?

— Tu ne mettras plus les pieds hors d'ici que pour aller à la tombe, bandit !

Et sans que Jeanne s'y opposât, Raoul, d'un revers de main, jeta le régisseur à terre.

Celui-ci tomba lourdement.

— Tu vas mourir ! reprit le comte

— A moi ! cria Billotte.

Et il essaya de se relever.

Raoul posa sur sa poitrine son pied qui pesa sur le misérable et l'immobilisa.

Il continuait à crier :

— A moi ! à l'assassin !

— Jeanne, bâillonne-le, ordonna le comte à la jeune fille avec autorité.

La jeune fille, sans s'étonner, l'œil farouche, la main preste, noua une serviette autour de la tête du régisseur, qui tâchait en vain de soulever ce pied aussi lourd pour lui qu'une montagne.

Le comte avait un jarret de fer.

— Mon oncle dit-il, vous avez torturé ma sœur de la plus odieuse façon; vous m'avez moi-même battu à outrance jusqu'au jour où j'ai pu m'échapper; vous avez voulu nous voler indignement. De plus, vous avez préparé contre Jeanne un guet-apens odieux.

Le jeune homme tira son poignard.

— Je suis un sauvage, moi, un barbare, dit-il; je vis en pleine indépendance sur une terre où tout homme fort est libre par son fusil et son courage. Là on punit, on se venge soi-même, et c'est ce que je vais faire.

Il laissa Billotte se relever.

— En mon âme et conscience, vous avez mérité de mourir pour votre infâme conduite et vos sanglants affronts; je vais exécuter ma sentence, mon oncle.

Et il bondit sur son oncle, qu'il étendit ensanglanté à ses pieds.

Le malheureux râla, se tordit, puis, après quelques convulsions, ne bougea plus.

— C'est fait! dit Raoul.

Jeanne, pâle, considérait d'un œil morne le cadavre étalé sur les dalles.

— Nous sommes perdus! dit-elle.

— Non, si tu as foi en moi! dit Raoul.

— Que faut-il faire?

— Avoir du courage et m'aider.

— Commande! dit-elle.

Par un phénomène fréquent, ces deux jeunes gens qui ne s'étaient vus qu'enfants s'étaient tout à coup, en peu d'instants, compris et unis d'âme à âme, de cœur à cœur, aussi étroitement que s'ils eussent vécu fraternellement l'un près de l'autre.

Jeanne avait foi absolue en Raoul.

Celui-ci transporta le corps du régisseur loin du pavillon, dans une salle du château qu'il ferma; il fit, aidé de sa sœur, disparaître toute trace de meurtre, puis il sonna du cor.

Bientôt Mohammet arriva.

En quatre mots, il mit l'Arabe au fait et lui exposa son plan pour échapper à la justice.

Il s'agissait, chose facile, de transformer Fatma en chasseur et de lui substituer Jeanne.

Quant à lui, il se chargeait de dépister toutes les recherches et il donnait rendez-vous à ses amis sur les frontières de la province d'Alger, aux bords du Sahara, où Jeanne devait suivre les chasseurs.

On a vu comment toutes ces transformations s'opérèrent.

VII

Où il est parlé des coureurs de bois.

Un mot sur les coureurs de bois algériens.

Ce sont des chasseurs hardis, appartenant à toutes les races qui peuplent l'Algérie : races indigènes, races européennes.

Arabes, Kabyles, Turcs, nègres, mulâtres, font le coup de fusil dans les bandes de chasseurs, à côté des Maltais, des Espagnols, des Français, des Juifs, qui ont adopté ce genre de vie.

Ces hommes mènent une existence étrange.

Ils se réunissent au nombre de deux, trois, parfois douze et quinze ; ils se construisent dans une forêt, à distance *d'un coup de fusil,* des cabanes en feuillages (gourbis), et passent leurs jours et leurs nuits à tuer du gibier, dont ils font grand commerce.

Se trouvant, autant que possible, non loin du grand chemin, ils viennent apporter aux diligences le produit de leurs chasses, approvisionnant les villes algériennes de lièvres, de lapins, de perdrix et de gazelles; c'est à eux que l'on doit l'abondance de la venaison sur les marchés du littoral et de l'intérieur.

Ils prennent aussi au piège et détruisent un grand nombre de bêtes fauves pour toucher les primes et tanner les fourrures qui se vendent fort bien.

Souvent ils abandonnent leurs gourbis, forment des associations, s'enfoncent dans le grand désert et y chassent l'autruche, dont les plumes s'achètent fort cher.

Quoique perdus dans des solitudes où le mince filet d'une route européenne rappelle seul la civilisation au milieu de la barbarie arabe, quoique n'ayant pour toute protection que leurs fusils et leurs chiens, les coureurs de bois sont craints, redoutés et aimés des tribus.

Leur courage, leurs vengeances terribles, leur esprit d'association pour les vendettas, leur merveilleuse adresse, en font la terreur des douars; mais d'autre part ils sont adorés des Arabes, parce qu'ils n'hésitent jamais à attaquer les lions et les panthères, dont les villages ont tant à souffrir.

En somme, les coureurs de bois sont des

types curieux à étudier, menant la vie la plus pittoresque et la plus accidentée qu'on puisse imaginer, courant les aventures les plus inattendues.

Partout où la civilisation est en lutte avec la barbarie, on retrouve ces caractères bizarres qui s'en vont, avant-garde du progrès qu'ils annoncent, servir de tête de colonne à la civilisation.

Natures énergiques, cœurs de bronze, — qu'ils soient en Amérique, aux Indes ou en Algérie, — ils livrent aux hommes, à la nature et aux fauves, d'héroïques combats; qui les connaît les admire et les aime.

C'est l'épopée d'une de ces bandes, illustre entre toutes, que nous voulons raconter; elle a laissé, par delà la Méditerranée, une renommée impérissable d'audace et d'adresse par le succès d'une entreprise téméraire, dont les résultats furent merveilleux.

Cette troupe, composée d'éléments divers comptait dans ses rangs quelques-uns des plus vieux noms de la noblesse européenne, dont les représentants s'étaient faits coureurs de bois à la suite de différents revers de fortune, dus surtout à des causes politiques; plus d'une vieille famille redora son blason grâce à des razzias ou à des trouvailles de trésors, car l'Algérie est remplie de silos où dorment des tas d'or abandonnés pendant les guerres civiles.

En somme, ce livre est l'histoire vraie d'une des plus fameuses bandes de la colonie.

Les aventures, le procès qui les mit en lumière, le mystère qui couvre le dénouement du drame, tout contribue à rendre intéressante cette étude des mœurs algériennes, que le cours forcé des événements fait débuter en France, d'une si bizarre façon.

VIII

D'un dîner africain préparé en un château du Berry et de la transformation d'un forestier en un coureur de bois.

Les chasseurs étaient des hommes accoutumés au bivac.

Campant en plein désert, vivant du produit de leurs chasses, ne visitant les villes que de loin en loin, ils n'étaient pas gens à rester embarrassés pour un dîner.

Maître Antoine, pour faire oublier ses insolences, montrait une complaisance et un zèle qui simplifiaient beaucoup les choses, il mit les chevaux aux écuries, les chiens au chenil ; le dromadaire à l'attache dans la cour.

Il prit soin de tout et de tous

Par son entremise on trouva les marmites, les casserolles, les pots à graisse.

Un feu immense flamba dans l'âtre

Les chasseurs se partageaient la besogne.

Ils avaient çà et là cueilli dans le bois certaines herbes tout en marchant ; le père Antoine et les Berrichons étaient loin d'en soupçonner les vertus culinaires ; ces Algériens avaient une manière à eux de préparer leurs plats qui étonna fort le vieux forestier.

Ils placèrent, par exemple, le chevreuil entier sur les dalles de l'âtre, le dos tourné aux charbons ; la peau formait en dessous une sorte de tapis.

Les côtelettes et les gigots seulement furent détachés et posés aussi en ligne.

Le filet de la bête se fendilla peu à peu, et prit bientôt bonne tournure.

— Comment ferez-vous rôtir l'intérieur ? demanda Antoine, inquiet du succès de l'opération.

— Nous ne le mangeons jamais ! dit un chasseur, Parisien de naissance et nommé Lagrenée.

— Bah ! fit le garde étonné.

— Non, nous autres, gens de grandes

chasses, méprisons les bas morceaux; nous ne rôtissons que les côtes, le râble et les cuissots; le reste est abandonné aux chacals.

— Viande perdue! fit Antoine.

— Oh! fit Lagrenée en souriant, s'il nous fallait dévorer tout ce que nous abattons, nous attraperions souvent des indigestions; nous tuons le gibier pour la peau.

— Diable! dit Antoine; ça doit terriblement dépeupler le pays; si l'on en faisait autant ici...

— On pourrait dire bonsoir aux chevreuils, après deux ou trois années, n'est-ce pas?

— Oui, pour sûr.

— Eh bien! là-bas, plus on tue de pièces, plus il en revient; c'est le paradis des chasseurs.

Puis en à parté :

— Il est fâcheux que nous n'ayons pas de dattes ici, mais nous possédons des crottes de gazelle.

Et tout haut :

— Ohé! Maltais!

— Ecco (voilà) fit une voix.

— Fouille donc dans le sac aux crottes.

— On y va.

Le chasseur interpellé sortit dans la cour, puis revint avec un petit sachet :

— Tiens, dit-il, à son camarade.

L'autre prit l'objet.

— Qu'avez-vous donc là-dedans? demanda Antoine?

— Je vous l'ai dit, camarade, des crottes de gazelle; passez-moi donc une tasse d'eau.

Antoine s'empressa.

— Voilà, dit-il, en apportant un bol.

— Merci, fit le chasseur.

Et il tira plusieurs petites boules rondes, assez pareilles à celles que l'on voit réunies en tas énormes près des terriers de lapins; mais un peu plus grosses et très luisantes.

Le chasseur les écrasa sous ses doigts, et comme elles étaient fort sèches, les réduisit en une poussière très fine, qu'il jeta dans la tasse, et qu'il y délaya.

Cela fait, il arrosa le gibier de ce liquide, au grand ébahissement du garde.

— Comment, dit celui-ci, vous semez comme ça de la fiente dans votre manger!

— Comme vous voyez.

— Mais c'est dégoûtant.

— Excellent, voulez-vous dire.

Et tendant le sac à demi-plein au garde, il lui en mit l'orifice sous le nez.

Antoine renifla le parfum le plus délectable qu'il eût senti de sa vie.

— Sacrebleu! dit-il, qu'est-ce que ces gazelles peuvent avoir dans le derrière, pour flairer aussi bon que ça? On dirait sentir du musc.

— C'en est, et du plus fin.

— Mais, tonnerre, s'il y a des bêtes pareilles en Algérie, ce doit être *bigrement* agréable d'y chasser, et lucratif, par la même occasion.

— Agréable, oui; lucratif aussi.

— Si on voulait m'emmener, j'irais bien.

— Vous pourriez plus mal faire.

— Est-ce que les permis sont chers, là-bas?

— Là où nous allons, nous autres, on n'a d'autre permis que le canon de sa carabine.

— Il n'y a point de gardes?

— Non. Mais il y a des lions et des panthères qui vous font la chasse, comme vous la faites aux braconniers, et des tribus pillardes qui ne cherchent qu'une occasion pour vous attaquer et vous massacrer.

— Tout n'est pas rose, alors.

— Du moment où vous parlez de rose, vous parlez d'épines ; qui dit l'un, dit l'autre.

— Vous avez raison ; mais les avantages?

— On a la liberté, des plaines immenses, l'abondance, le ciel bleu, des femmes qui vous aiment follement, sans le poignard du mari sans cesse menaçant, une réputation de bravoure et de force qui fait de vous un roi du Sahara.

— Et l'argent ?

— Voilà le produit d'une campagne, dit le chasseur négligemment en tendant un portefeuille de maroquin.

Le garde l'ouvrit.

Il resta stupéfait.

— Un, deux, trois...

Il comptait...

Il compta jusqu'à vingt billets de mille francs, rangés ensemble et liés par le milieu.

— Quoi ! vingt mille francs à tuer des bêtes sauvages ! s'écria-t-il stupéfait.

— Des bêtes et des hommes.

— Ah ! fit Antoine

Le mot lui jeta un certain froid au cœur.

— Des hommes ? demanda-t-il.

— Oui, des ennemis.

— Vous faites la guerre, alors ?

— De temps à autre, quand une tribu ou une bande nous a causé quelque méfait.

— Vous êtes donc beaucoup de chasseurs ?

— Quelquefois trois, souvent dix ou douze, rarement trente ; la dernière fois, nous étions vingt-deux.

— Et vos adversaires !

— Deux cents.

Le garde fit un soubresaut.

— Oh ! ce n'était pas difficile, dit le chasseur, surtout avec le prince de Nadieff qui est un fin politique, et notre ami Raoul qui est un habile chef de partisans.

— Comptez-moi donc ça.

— Voici la chose en deux mots :

« Imaginez-vous que les Ouleds-Beda en voulaient à mort aux Ouleds-Manours.

« Deux tribus sœurs, pourtant !

« Mais, vous savez, quand on se met à s'exécrer de famille à famille, ça devient terrible.

« Ces deux tribus, quoique ennemies entre elles, ne nous en avaient pas moins toutes deux déclaré une guerre d'extermination ; nous de même à elles, par conséquent ; ça durait depuis deux mois et demi.

« Nous leur avions tué déjà une cinquantaine d'hommes, par ruse, force ou hasard.

— Vous alliez bien ! fit le garde.

— C'est si simple ! dit le chasseur, avec bonhomie ; vous allez voir, camarade.

« Les tribus ont des puits, n'est-ce pas ?

— Probablement.

— Autour des puits, des arbres.

— Ça me paraît naturel.

— Vous vous cachez dans un bosquet avec une jument rapide, vers le soir, à l'heure où l'on fait boire les bestiaux ; et vous attendez tranquillement.

— Je comprends ; un homme ou deux

viennent conduire à l'abreuvoir leurs chevaux, et vous les tuez?

— Non.

— Ah!

— Nous tuons les chevaux d'abord, pour qu'on ne puisse nous poursuivre, les hommes ensuite; nous sautons en selle et nous piquons des deux.

— Très bien.

Mais après réflexion :

— Le lendemain ils reviennent en force au puits, dit le garde, ou ce sont des imbéciles.

— Aussi, le lendemain, procède-t-on autrement; on entoure le village à distance; on s'en rapproche à cent mètres; tout le monde y dort sous les tentes.

« Un des nôtres crie: feu!

« Chacun tire.

— Sur les tentes?

— Sur une seule, désignée d'avance; on est à peu près sûr d'y tuer quelqu'un.

— Je le crois, je le crois, fit le garde.

— Vous concevez, reprit le chasseur, que chaque jour on invente du nouveau.

— Mais l'affaire des vingt mille francs?

— Nous y arrivons. Chaque village des deux tribus pouvait disposer d'environ cent guerriers. Le prince eut l'idée de les mettre aux prises les uns avec les autres.

« Je dois vous prévenir qu'ils vivaient sur

le pied d'une trêve armée, se détestant, mais ne s'attaquant point, ayant juré devant un marabout de cesser la guerre; ce qui ne faisait point notre compte.

« Nous imaginâmes, une nuit, de nous déguiser en Arabes, de tomber sur les Ouled-Beda et, pendant l'escarmouche, de crier et de nous comporter de façon à nous faire passer pour des Ouled-Manours; ce qui réussit à merveille.

« Nous battîmes en retraite vers le douar des Manours, qui, au bruit de la fusillade, prirent les armes et accoururent vers le lieu du combat, afin de savoir ce qui se passait; curiosité sur laquelle nous comptions.

« Nous fûmes bientôt entre les deux troupes, assez rapprochées pour que les Beda vissent derrière nous les Manours; qu'ils prirent pour un renfort nous arrivant.

« Nous nous couchâmes sur le sol, puis nous rampâmes de façon à nous perdre sur les flancs des deux partis, et à rester spectateurs de la scène.

« Les Beda se ruèrent sur les Manours, en criant à la vengeance et au parjure de la foi promise.

« Les Manours, n'y comprenant rien, et d'autant plus enragés, se jetèrent sur les Beda.

« Le combat dura au moins dix minutes,

à l'arme blanche, au pistolet, à coups de crosse.

« Nous, tirant dans le tas, faisions ravage, et ça allait on ne peut mieux.

« Quand les deux partis se furent exterminés, à une cinquantaine d'hommes près, nous nous élançâmes le couteau au poing, et en deux ou trois tours de main par chasseur, ce fut bientôt fini.

— Mais les vingt mille francs?

— Dame! vous concevez, à nous les tentes, les troupeaux, les femmes, les richesses... tout fut vendu.

— Les femmes aussi?

— Aussi. Que vouliez-vous en faire?

— Les malheureuses!

— Pas tant que vous pensez. Un village de femmes n'eût été qu'une proie pour les tribus voisines; nous savions qu'une colonie de Mozabites, émigrée pour cause politique d'un ksour, s'était établie à vingt lieues de nous, et manquait de femmes; nous leur proposâmes un achat en bloc qui fut accepté.

— Elles furent esclaves de ces gens-là?

— Du tout; ils les épousèrent; mais, en Afrique, se marier coûte cher; on paye la jeune fille au père, au frère ou au maître qui a droit sur elle.

— Drôle de pays! Mais, dites-moi, n'avez-vous pas conservé chacun une des plus belles femmes?

— Ma foi non.

— Eh bien! moi, à votre place, j'aurais voulu en garder une, peut-être même deux ou trois.

Les yeux du garde brillaient singulièrement.

— Qu'en auriez-vous fait?

— Eh! eh! ce que vous savez bien.

Le chasseur se mit à rire.

— Vous parlez comme un homme qui n'a pas eu souvent de bonnes fortunes, dit-il.

— Heu! heu! fit le garde d'un air fat; on a eu ses jours, comme les autres camarades!

— Quoi! des paysannes!

— Des fermières.

— Belle affaire. Des mains noires, des têtes bêtes, des niaises gardeuses de vaches ou de dindons.

— Vous êtes bien dégoûté.

— Quand on a eu des houris, des femmes au yeux noirs, pleins de flammes, à la croupe rebondie, des filles taillées pour le plaisir, comme une jument pour la course; quand on n'a eu qu'à choisir dans les sérails de l'Algérie, je vous assure qu'on prise peu vos campagnardes, mon cher.

Le garde était froissé.

— Allons, ne vous vexez pas l'ami; vous

avez fait de votre mieux pour vous distraire.

— C'est vrai.

— Quand on n'a pas d'antilopes, on tue des gazelles; faute de gazelles, des lièvres.

— Vous avez raison; mais comment faisiez-vous pour disposer des sérails, camarade?

— Tantôt d'une façon, tantôt de l'autre. Parfois, c'est une femme qui vous aime et vous le fait dire.

— Ça arrive souvent?

— Oui, à nous autres.

— Heureux gaillards!

— D'autres fois, c'est une femme qu'on aime, qu'on veut posséder à tout prix; et qui vous résiste.

— Alors?...

— On l'enlève.

— Et la police?

— Il n'y a point de police; il y a le mari, la tribu; mais on s'en moque et on bat tribu et mari.

Le garde était grisé par cette conversation.

— Camarades, demanda-t-il, à quelles conditions peut-on faire partie de votre troupe?

— A aucune.

— Tant pis.

— Entendons-nous; quand je dis aucune, j'entends, non que vous ne pouvez entrer dans notre bande, mais, au contraire, que nous n'imposons, nous autres coureurs de bois, aucune condition à ceux qui veulent prendre le même état que nous.

— Ah! Alors, je puis être des vôtres?

— Certainement.

— Eh bien! j'en suis!

— Minute, minute, dit le coureur des bois. Réfléchissez un peu qu'il faut apprendre le métier, se former à notre manière de vivre; être longtemps apprenti, enfin, avant d'être maître, et de gagner sa vie.

-- Diable, diable.

— Tout seul, que feriez-vous?

— Rien.

— Donc, il faut qu'un camarade consente à vous protéger, à vous nourrir même.

— Mais je chasse et tire bien.

— Ici, oui; là-bas, non.

— Soyez mon ami, alors?

— Ma foi non.

— Pourquoi?

— J'ai un petit bonhomme, là-bas, ce joli garçon que vous voyez, un négrillon gentil qui m'obéit à la baguette, est très docile, et me sert d'ami, de frère, de chien, de domestique; il m'est dévoué à se jeter sur un lion pour moi. Vous comprenez que je ne puis en attendre autant de vous.

— J'y mettrais tant de bonne volonté, fit piteusement maître Antoine avec onction.

— Vous ne parviendrez pas à me remplacer Barbouche; vous êtes trop vieux. Mais, attendez, peut-être trouverai-je votre affaire, mon cher.

Et le chasseur cria :

— Ohé! camarades!

Les compagnons, étonnés, tournèrent la tête de son côté, sans trop se bouger pourtant.

Il se leva.

— Ah çà, mes enfants, dit-il, vous ne venez point à l'appel d'un ami? J'ai pourtant une grave communication à vous faire; voyons, en cercle.

Le père Antoine était très ému.

On l'entourait.

— Mes amis, dit le chasseur, voici un vieil animal qui a de l'œil, du jarret, de la bonne volonté, et qui veut être des nôtres; qui en fait son ami?

— Trop laid! fit un Arabe.

— Il a l'air abruti! dit un Espagnol

— En voilà une vieille carcasse! s'écria un Coulougli.

— Corpo di Baccho! j'aimerais mieux un nègre idiot que ce chacal galeux.

— Il est fou, ce lièvre sans poils!

Et les exclamations se croisaient dans l'air, passant par dessus la tête du père Antoine.

Heureusement, il ne comprit pas les plus malsonnantes, dites en langue sabir.

Tout à coup, une voix dominant tout cria :

— Je le prends, moi !

— Toi ? firent les chasseurs surpris.

— Oui ! dit un grand mulâtre colossal, cicatracisé, couturé, affreux, mais ayant l'œil bon et doux.

— Que diable feras-tu de ce gaillard, Nmer ? demanda-t-on au mulâtre.

— Mes enfants, j'ai mon idée, dit-il

— Voyons l'idée. C'est étonnant, Nmer, que tu aies imaginé quelque chose.

— C'est vrai, je ne suis pas malin ; pourtant, je crois que vous m'approuverez.

« Cet homme est bête, n'est-ce pas ?

— Pour ça, oui.

— Il a l'air niais ?

— Oh oui ! oh oui !

— Eh bien ! s'il est des nôtres, la moitié des blagues et des farces que vous me faites tombera sur lui ; nous partagerons vos rires et vos plaisanteries, ce sera moins lourd à porter.

Les chasseurs se mirent à rire.

— Bravo, Nmer ! crièrent-ils.

Antoine n'avait rien compris du tout, cette fois ; mais quand il sut qu'il était admis, il lança son tricorne en l'air et poussa un hourrah.

Il ne se doutait guère de ce qui l'attendait ; s'il avait su dans quelle galère il s'embarquait, il eût reculé fort probablement, le pauvre diable.

Dans sa joie, cependant, il courut à Nmer, les bras étendus, ravi, transporté.

Nmer le repoussa.

— Non, pas ça, fit-il.

Puis à ses camarades, en sabir :

— Dites-lui donc que je ne l'ai pas pris pour ça, vous autres ; il est embêtant, ce vieux !

Cette protestation souleva un rire homérique.

Cependant, le dîner avançait.

On mit la table...

Pendant que les chasseurs s'occupaient de maître Antoine et du repas, Jeanne, dans une salle voisine, recevait un complément de toilette.

Fatma lui teignait les ongles avec du henné, tiré d'une de ses boîtes, dans un coffre porté par le mahari ; elle passait du kokeul sur les cils de la jeune fille, et lui bronzait le teint avec de la sepia ; si bien que Jeanne, se regardant dans un miroir, ne se reconnut pas elle-même quand tout fut fini.

Nadief, le chasseur qui avait titre de prince, frappa discrètement à la porte, comme Fatma mettait la dernière main à la coiffure de Jeanne qui lui cria :

— Entrez !

— Parfait ! dit-il en voyant la jeune fille,

vous ressemblez tout à fait à une Mauresque, et je vous en fais mon compliment, mademoiselle.

— Vous pensez que l'on ne se doutera de rien? demanda Jeanne inquiète.

— J'en jurerais.

— J'ai bien peur.

— Rassurez-vous. Votre oncle lui-même, si le cher homme n'était pas mort, se refuserait à vous appeler sa nièce; mais il n'aura plus à vous parler!

— Le misérable! dit Jeanne d'un air sombre.

Le prince s'étonna.

— Oh! oh! dit-il, vous êtes aussi vindicative que votre frère, mademoiselle.

Il ignorait l'outrage que Jeanne avait subi, et trouvait vive cette haine que la mort ne désarmait point; du reste, il aimait les caractères bien trempés.

— Ne vous y trompez pas, dit-il à un geste de la jeune fille; je suis grand admirateur des femmes qui ont quelque chose de mâle dans le cœur.

Et avec un soupir:

— Malheureusement, elles sont rares.

Les yeux de Jeanne brillaient d'un feu sinistre: la blessure était trop récente pour ne pas saigner encore douloureusement.

Toutefois, elle ne répondit point.

Nadief la regardait avec une attention

extrême, frappé de sa beauté ; elle, la paupière baissée, le poing crispé sur un meuble, semblait perdue dans une amère méditation ; elle songeait à ce déshonneur qu'elle avait subi sans le mériter, et son orgueil fouettait impétueusement son sang qui circulait rapide, et faisait palpiter son cœur.

— Tudieu ! quelle petite fille ! pensa Nadief ; comme ça vous supporte un assassinat.

Puis, prenant la parole :

— Mademoiselle, dit-il, il s'agit de jouer serré ; les gendarmes sont amoureux de vous.

— Amoureux ! fit Jeanne.

— Oui, je leur ai soufflé cela ; il est bon que vous les encouragiez un peu.

— C'est un rôle répugnant, monsieur ; ne pouvez-vous m'en dispenser ?

— Impossible ! il faut détourner, aussi longtemps que possible, l'attention de ces gens-là !

Jeanne eut un geste de dégoût.

— En grâce, gagnons quelques heures, fit le comte ; il y va du salut de votre frère.

— Soit ! Pour lui je me dévoue.

Mais prenant la main du comte :

— J'aimerais mieux, dit-elle, lui donner un bras que supporter les propos odieux dont vont m'accabler ces gendarmes, qui, du reste, m'ont fatiguée déjà de leurs galanteries autrefois.

— Bah ! vous les laisserez dire. Un mot par-ci, un mot par-là, avec une prononciation dure et rauque, quelques regards adroitement partagés, un baiser ou un pressement de pied, voilà tout.

Jeanne soupira.

— Allons ! fit-elle.

Et ils sortirent.

En allant de la chambre à la salle à manger, suivant un corridor obscur, ils ne virent point un homme qui se rangeait sur leur passage.

Quand ils eurent disparu, l'homme qui s'était adossé au mur fit quelques pas, chancela, se releva, puis chancela de nouveau, et reprit son souffle.

Appelant à lui toutes ses forces :

— Allons ! dit-il, du courage : je m'en tirerai.

Et il arriva jusqu'à la cour en prenant les plus grandes précautions.

Tout à coup, il vit un gendarme.

— Ah ! mon Dieu, s'écria-t-il.

Et il tomba évanoui....

IX

Le tournoi d'amour et du grand combat qui devait s'ensuivre.

Le repas était servi.

Une immense table avait été improvisée et couverte de venaison ; les plats fumaient, répandant dans l'air les senteurs les plus appétissantes ; le vin, dans de larges cruches, promettait de verser à flots aux convives l'appétit et la gaieté.

Les chasseurs semblaient affamés.

Les gendarmes et le garde ne l'étaient pas moins.

Mais, pourtant, la maréchaussée, tout en lorgnant l'aspect splendide de la salle à manger, semblait inquiète.

C'est qu'*elle* n'avait pas paru.

Elle, la femme aux millions, l'ange aux ailes d'or, la divine Fatma, dont les deux gendarmes, en vrais paladins d'autrefois, allaient essayer de faire la conquête.

Enfin *elle* vint.

Le cœur des gendarmes battit bien fort.

Elle entra dans la salle, resplendissante du feu de vingt chandelles, au bras de Nadief.

Celui-ci, avec une bonne grâce extrême, conduisit la reine de la soirée à sa place, au centre de la table, dont elle devait faire les honneurs et l'ornement.

En passant devant le brigadier, elle effleura sa botte du pan de son haïque, et le brigadier en frémit de la tête aux pieds ; mais elle jeta un regard au gendarme qui en blêmit d'espoir.

Pauvre petite Jeanne !

Cette comédie lui était odieuse.

Pourtant il fallait s'y soumettre.

Elle avait bravement pris son parti, et s'était résolue à jouer son rôle avec assurance.

Elle s'assit.

Ce fut un signal.

D'un geste, elle invita le brigadier d'abord, pour sa droite ; le gendarme ensuite, pour sa gauche.

Les deux braves ne se firent point prier.

Les chasseurs, en bons enfants insoucieux, bohèmes, mais fils de la nature, attaquèrent brusquement les mets ; ils burent à pleins bords et se mirent à converser bruyamment en langage sabir, riant à gorge déployée, et se souciant peu des convenances et des belles manières ; le garde, au milieu d'eux, faisait comme eux.

Mais les gendarmes !

Les gendarmes, dignes, recueillis, émus,

s'apprêtaient à lutter de grâces, d'esprit, de galanteries et de petits soins.

Seulement ils hésitaient à commencer le feu.

Nadief les surveillait du coin de l'œil; c'est à peine s'ils osaient regarder à la dérobée l'objet de leur flamme; ainsi sont les vrais braves!

Timides au début, mais étourdissants d'audace à la fin!

Le brigadier ne s'était aperçu en rien de la substitution; le gendarme n'avait eu qu'un regard surpris; mais Jeanne, saisissant cette hésitation, s'était empressée de sourire, et ce sourire avait été un éblouissement tel, que le gendarme n'y avait plus vu que du feu.

Du reste, il ne soupçonnait rien; il lui avait semblé que dans la forêt, à travers la brume, le visage entrevu par lui n'avait point cette expression-là; mais, quant à se douter de quoi que ce fût, le brave homme en était à mille lieues.

Du reste, tout contribuait à endormir la défiance de la maréchaussée: la contenance des convives était abandonnée, joyeuse et franche; ils étaient commodément installés et faisaient chair lie, buvant tous largement le vin du château, à l'exception de l'agha et de ses deux serviteurs. Tous les compagnons de Nadief, méprisant le couvert placé près d'eux, mangeaient comme ils en avaient l'habitude en Afrique, avec de grands couteaux qui servaient à la fois de fourchettes et de cuillers, piquant la viande ou le pain trempé dans les sauces succulentes.

Ils offraient une singulière variété de types.

Arabes au nez mince et courbe, au visage oval et osseux; Kabiles aux yeux gris, à la tête ronde; Maures aux traits purs, au teint mat; Espagnols petits, nerveux; Maltais robustes, mi-partie Anglais, mi partie Italiens; Français et nègres formant contraste; ils étaient là une quinzaine d'individus représentant huit ou dix races différentes et parlant une même langue, le sabir, formé de tous les dialectes connus dans le bassin de la Méditerranée.

Il avait fallu un concours de circonstances bien extraordinaires pour cimenter entre tous ces hommes un pacte d'alliance et les amener à dîner au milieu du Berry.

Mais habitués à tout, ne s'étonnant de rien, ayant passé par les phases les plus diverses dont une existence d'aventurier est semée, ils devisaient joyeusement entre eux sans s'occuper le moins du monde du meurtre que chacun savait avoir été commis.

L'insouciance est la première qualité du chasseur algérien.

Autre trait :

Le garde avait été adopté par l'un d'eux ; dès lors ils le considérèrent comme faisant partie de la troupe, et ils le traitèrent en camarade.

Par hasard il se trouvait placé entre son ami adoptif et Fatma, déguisée en homme.

Il put établir entre ces divers types une comparaison piquante : son ami était d'une laideur complète et Fatma d'une beauté parfaite.

Mais il était trop préoccupé pour rien remarquer.

Donc, ni lui, ni les gendarmes ne s'étonnèrent de la substitution d'une jeune fille à l'autre.

Un président de cour d'assises en fut fort surpris plus tard; mais il ne prit pas assez garde à la passion folle, à l'ambition insensée que Nadief avait excitée dans le cœur des deux gendarmes, acharnés à vaincre.

Le brigadier, en homme fûté, méditait son attaque:

— Pour lorse, dit-il, en se penchant vers sa voisine, voilà les camarades qui se livrent à la joie.

Jeanne sourit sans répondre.

— Ils cherchent, continua le brigadier,

ils cherchent leurs *volupetés* dans les vains plaisirs du boire et du manger ; mais que nous autres, militaires, nos goûts ont plus de raffinements.

Jeanne, n'eût été la gravité de la circonstance, eût eu bonne envie de rire, mais elle se retint.

— Ce n'est pas pour les blâmer, ajouta le brigadier, mais ils paraissent insensibles aux charmes de la beauté, tandis que nous...

Le gendarme, effrayé de l'éloquence de son chef, lui coupa la parole avec une impolitesse remarquable :

— Tandis que nous, fit-il, nous préférerions un simple baiser d'une belle femme à tous les festins du monde, ce serait-y ceux du nommé Balthazar, qui jouit pourtant d'une belle réputation comme restaurateur.

— Oui, belle dame, oui, s'empressa d'ajouter le brigadier, le bonheur d'être près de vous nous coupe l'appétit; pour ma part, j'aimerais mieux mourir de faim en regardant vos yeux qui ont l'air d'être en émail tant ils sont superfins, que de manger à ma faim sans vous voir.

Si le gendarme avait pu étrangler son chef, il l'eût fait volontiers ; mais le sentiment du devoir est enraciné dans les cœurs qui battent sous les jaunes baudriers ; il se contint, combinant une revanche, car évidemment il était battu d'une longueur de phrase par son supérieur en grade, dans ce steeple-chasse de la galanterie.

Il saisit une bouteille, et versant rasade à Jeanne, il lui dit, l'œil en coulisse :

— Permettez que je vous offre à boire, ravissante Africaine ; le vin est l'ami intime de l'amour.

Jeanne refusa :

— De l'eau ! dit-elle.

Et elle compléta sa pensée en manifestant pour le vin une horreur profonde, exprimée par un geste bien senti.

Nadief intervint :

— Messieurs, dit-il aux gendarmes, les Arabes ne boivent pas de vin ; leur prophète le leur défend.

— Il a raison ! s'écria le brigadier enchanté d'être agréable à la jolie Musulmane et désagréable à son rival ; il a raison. L'ivrogne seul peut dire que Bacchus et Vénus font bon ménage.

— Brigadier ! fit aigrement le gendarme, j'ai dit cela et ne suis pas un ivrogne.

— Je maintiens mon opinion ; la preuve, c'est que les gens mal appris qui aiment à lever le coude se conduisent toujours comme des polissons à l'égard du *sesque*.

— Un peu n'est pas trop ! s'écria le gendarme rouge comme un coq. Je n'ai pas prétendu qu'il fallait se livrer à une intempérance mal placée et rouler sous les tables. Il était inutile de se servir à mon endroit d'un mot malsonnant et défectueux.

— Tant pis pour vous si vous méritez d'être traité ainsi, dit le brigadier ouvrant la plaie faite à l'amour-propre de son camarade, dont la tête s'échauffait.

— Messieurs, messieurs, s'écria Nadief, du calme ; vous vous oubliez, ce me semble.

Les deux gendarmes baissèrent la tête.

Cependant une inquiétude vint au brigadier.

— Elle est Arabe, pensa-t-il, elle répond à peine ; ne comprendrait-elle point?

Il craignait que tant d'éloquence ne fût déployée en pure perte, et il voulut s'en assurer.

— Mademoiselle saisit-elle ce que nous disons ? demanda-t-il à Nadief brusquement.

— Tout ou presque tout, fit celui-ci ; pour répondre, c'est autre chose ; car elle ne connaît que quelques mots de français.

— Bien ! fit le brigadier rassuré. Quant au gendarme, il se souvenait d'avoir été tutoyé, et il croyait pertinemment être sûr d'avoir été compris.

Il recommença les hostilités :

— C'est un bien bel état, dit-il, d'être dans la gendarmerie à cheval, et plus d'un envie notre sort; pourtant, je n'hésiterais pas à rentrer dans le civil, si une femme comme mademoiselle me disait : Nicolas, quitte ton cheval, ton baudrier, tes aiguillettes, tes gants, ton tricorne, tes bottes, et viens avec moi dans le pays de mes pères. Je donnerais ma démission et je la suivrais partout, même dans dans le fin fond des déserts africains.

— Et moi aussi! s'écria le brigadier.

— C'est beau, ça! dit Nadief.

Et remplissant son verre :

— Je bois à votre désintéressement, camarades, dit-il, et au succès de l'un ou l'autre..

Les gendarmes firent raison à ce toast.

Ils avaient bu déjà beaucoup; ils s'animaient de leur rivalité; ils étaient sous le coup d'une triple ivresse d'ambition, d'amour et de vin; leur nez rougissait; leurs yeux s'allumaient; ils se regardaient de travers tout en couvant du regard leur petite voisine, qui tenait entre eux la balanee égale.

Jeanne prenait un malicieux plaisir à exciter les jalousies des deux braves qui cherchaient à lui plaire; elle favorisait d'un sourire ou d'un mot tantôt l'un, tantôt l'autre; mais elle était désespérante d'impartialité.

Ce jeu dura pendant tout le repas.

A l'autre bout de la table, la conversation était tout aussi animée; on n'y parlait pourtant pas d'amour.

Le garde ouvrait des yeux démesurés et n'en croyait pas ses oreilles; on remuait devant lui (par la parole) les millions à la pelle.

— Comme cela, disait-il, vous croyez sérieusement que ce trésor existe?

— Puisque Raoul et Nadief l'ont vu, disaient les chasseurs; puisque nous ne venons à Paris que pour réaliser le plus d'argent possible en engageant les propriétés de Raoul et celles de Nadief; nous supposez-vous gens à nous déranger pour rien?

— Mais vingt millions! répétait le garde

— Vingt ou cent, on ne sait.

— Pourquoi les gens du pays ne se sont-ils pas emparés du trésor?

— Parce qu'ils ne savent point où il est.

— Et comment vos amis l'ont-ils trouvé?

— Par hasard.

Le garde semblait incrédule.

— Nadief! cria un chasseur.

— Qu'est-ce? fit celui-ci.

— Dis donc à notre nouveau camarade qui nous ennuie avec ses questions, à combien peut monter le trésor du Bou-Saïd.

— Si toutes les couches de monnaie sont

de l'or, ça peut aller à cent cinquante millions.

— Mon Dieu ! mon Dieu ! s'écria le garde.

— Si c'est de l'argent mêlé à de l'or, ça ira toujours à vingt ou trente millions.

Le garde était abasourdi.

— Et vous m'emmenez ? s'écria-t-il.

— Puisque l'un de nous t'a choisi pour ami.

— Quelle chance ! dit-il.

Et après réflexion :

— Camarades, dit-il, un bon conseil.

— On t'écoute.

— Ne parlez de ce trésor à personne.

— Et pourquoi cela ?

— On nous l'enlèverait.

Les chasseurs se mirent à rire.

— Allons donc ! firent-ils.

— Eh ! j'en ai peur.

— Mais, imbécile, il faudrait savoir où il est, et c'est ce que ni Raoul ni Nadief ne diront.

— On vous espionnera.

— Quand nous nous mettrons en route, nous veillerons aux espions, et ils seron, bien malins s'ils nous suivent; les coureurs de bois ne laissent point de traces.

Le garde parut rassuré, réfléchit et puis demanda :

— Combien serons nous à partager cela ?

— Nous avons calculé qu'il nous fallait

être une quarantaine d'hommes pour faire face à tout ; c'est pourquoi chacun de nous s'adjoint un camarade.

Tout ceci était trop sérieusement dit pour que le garde ne fût pas convaincu ; il cessa de douter.

— Mille tonnerres ! s'écria-t-il, j'ai eu une fameuse idée, en vous proposant d'être des vôtres.

— Et si tu crèves des fièvres pendant la route ?

— Ou d'une balle ?

— Ou d'une piqûre de serpent ?

— Ou de sqif ?

Toutes ces exclamations se croisaient rapidement et pleuvaient sur le forestier.

— Bah ! dit-il philosophiquement ; on ne meurt qu'une fois, d'une chose ou d'une autre.

« A notre réussite ! »

Il emplit un verre bord à bord, et sa motion fut accueillie par un hourrah.

Mais tout à coup on entendit un juron formidable et le bruit d'une querelle.

Voici ce qui s'était passé :

Les deux gendarmes, las d'escarmouches, avaient agi, c'est-à-dire que, cherchant sous la table les pieds de Jeanne, ils avaient tenté de lui faire comprendre ce langage muet, mais éloquent, que l'on peut se parler sous les tables.

Jeanne, à cette attaque, avait mis ses pieds sur les bâtons de sa chaise, ses petits souliers fuyant les grosses bottes de la maréchaussée, lesquelles avaient fini par se rencontrer sous la table et par se serrer l'une contre l'autre réciproquement.

Les deux gendarmes n'en étaient encore qu'à se côtoyer l'un l'autre, et ne pouvaient reconnaître leur erreur.

Mais le brigadier leva sa semelle hardiment pour la placer sur le coude-pied du gendarme.

Aux clous, celui-ci reconnut l'erreur.

— Bon ! se dit-il ; amusons-le.

Et il répondit aux appels du brigadier par de légères secousses, qui semblaient dire :

— Je vous comprends.

Le brigadier, pâmé d'aise, roulait des yeux demi-morts d'amour, si drôles, que son gendarme, n'y tenant plus, commit l'imprudence de rire.

Ajoutant encore à la confusion de son chef, qui comprit tout et rougit jusqu'aux oreilles, il fit mine de chasser un chien sous la table, en s'écriant :

— Allez donc. Oust !

Et à Nadief :

— Vos chiens ont l'habitude de marcher sur les pieds des gens ; c'est désagréable.

Le tout accompagné de coups d'œil fort clairs.

Autour d'eux, l'on se mit à rire; Jeanne elle-même ne put s'en empêcher.

Alors, hérissé, furieux, le brigadier se leva.

— Vous vous fichez de moi, camarade! dit-il. Sortons. Ce n'est plus un brigadier courroucé qui vous parle, mais un simple homme oubliant ses galons d'or.

— Bien! dit le gendarme crânement; j'aime autant que le sabre en décide.

— Allons!

— Allons!

Et ils allèrent ceindre leurs armes.

— Qui me sert de témoin? demanda le brigadier.

— Nous tous! dirent les chasseurs.

Evidemment, ces gens-là étaient curieux de voir ces deux preux aux prises.

Tout le monde s'était levé.

Les deux gendarmes marchèrent vers la porte, près de laquelle le brigadier, s'écartant, dit à son inférieur :

— Après vous, môssieur!

Ce môssieur caractérisait la situation.

Plus de brigadier, plus de supérieur, plus de militaires! Des hommes qui allaient s'aligner!

Le gendarme s'inclina.

— Non, môssieur, à vous l'honneur!

Le brigadier n'insista point.

D'une main ferme, il ouvrit le loquet et tira le battant à lui, puis recula effaré.

Un homme ensanglanté était debout sur le seuil se soutenant à peine.

X

Où le revenant s'explique.

Pas un chasseur ne broncha.

Les gendarmes chancelèrent sur leur base.

Antoine tomba à la renverse.

Jeanne s'évanouit.

Mais Fatma, empressée près d'elle, vint à son aide et lui fit respirer les sels d'un flacon qu'elle portait sur elle; la jeune fille reprit ses sens.

— C'est lui! dit elle.

Nadief était auprès d'elle.

— Ne vous troublez pas, recommanda-t-il, il ne vous reconnaîtra point, j'en réponds.

— Le régisseur! s'étaient écriés les gendarmes.

— Monsieur! avait dit Antoine.

— Oui, moi! moi, assassiné par un brigand qui se dit mon neveu, s'écria Billotte.

Les gendarmes semblaient se réveiller

d'un songe; ils regardaient autour d'eux avec des airs soupçonneux, récapitulaient les événements; se demandant ce qu'ils devaient croire, ce qu'ils devaient penser, ce qu'ils pouvaient faire.

Billotte toujours debout et montrant les chasseurs :

— Et tous ces brigands-là sont ces complices! affirma-t-il avec assurance.

Les gendarmes, dans le premier moment ne réfléchissant plus, penchaient à croire à l'accusation,

Mais Nadief intervint.

— Complices! fit-il.

— Oui. Vous êtes tous des bandits!

Et Billotte fit un pas en avant.

Nadief, le voyant chanceler, le prit par le bras, le conduisit à une chaise et l'y assit.

— Monsieur, dit-il, vous accusez notre ami Raoul, qui est bien votre neveu, de vous avoir blessé; ce fait est à vérifier; vous pouvez vous tromper; ça arrive souvent.

Billotte protesta.

— Quant à nous, ajouta Nadief, ne se laissant pas interrompre, nous ne pouvons être responsables d'une action qu'il est impossible que nous ayons commise.

— C'était un guet-apens!

Nadief, interpellant les gendarmes :

— Messieurs, dites donc à maître Billotte que la souffrance le fait divaguer.

— C'est vrai, dit vivement le gendarme.

— Ces messieurs ne nous ont point quittés, ajouta le brigadier avec non moins de vivacité.

— Ils ne sont point des brigands! continua le gendarme avec chaleur en regardant Jeanne, qui lui accorda un coup d'œil.

— A preuve, les passe-ports qu'ils ont, et qui nous les recommandent chaudement.

Le brigadier contempla son idole.

Il en eut un sourire.

— Vous plairait-il de nous dire comment le fait est arrivé? demanda Nadief en insinuant.

— Voilà, dit Billotte en toussant, comment ça s'est passé. Je courais avec Jeannette, ma cuisinière, qui s'entendait avec le misérable dont j'ai reçu un coup de couteau.

— Pardon, fit Nadief. Vous appelez Raoul misérable; vous avez tort, monsieur.

— Comment! Un assassin!

— Qui prouve que vous n'avez pas commencé. Vous avez bien des torts derrière vous, maître Billotte.

— Je suis un honnête propriétaire, moi, fit le régisseur; votre ami n'est qu'un aventurier.

Nadief, au lieu de répondre, dit aux gendarmes :

— Messieurs, Raoul, avant d'entrer au château, m'a confié tous ses papiers ; il se défiait de son oncle ; voici des certificats légalisés constatant son identité.

Les gendarmes lurent et furent convaincus.

— Mais, dit Billotte, si c'est réellement mon neveu, il n'en est que plus coupable.

— On ne sait pas ; la justice informera et tirera les choses au clair, peut-être à votre désavantage.

— C'est trop fort ! gronda Billotte.

— Voulez-vous, alors, nous dire tout simplement où se trouve votre nièce ?

Billotte, qui avait fait son plan, et qui avait eu depuis dix ans le temps de se précautionner, répondit nettement :

— Elle est placée à dix lieues d'ici, je le prouverai, et je n'ai rien à me reprocher.

Le régisseur avait l'air bien sûr de son fait.

— Possible, fit Nadief ; mais Raoul a peut-être eu des raisons pour ne pas vous croire, il craignait que vous n'eussiez assassiné sa sœur, et s'il a pensé en avoir des preuves, dans sa colère il vous aura frappé.

— Tiens ! fit le brigadier, les choses

m'ont l'air de s'être passées comme le dit le camarade.

— C'est la probabilité, dit Nadief.

Puis, tirant de ses poches tout un dossier, que Raoul lui avait donné dans leur entrevue de la forêt, il le montra aux gendarmes en leur disant :

— Voici une lettre envoyée au couvent des Oiseaux, à Paris, et qui prouve que, depuis l'âge de cinq ans, mademoiselle de Lavery a quitté cette maison; mon ami est entré ici avec la crainte que sa sœur n'eût été empoisonnée.

Les gendarmes vérifièrent le fait.

— Bref, fit Nadief, Raoul peut avoir cédé à un mouvement de colère; il aura à en rendre compte au jury qui l'acquittera fort probablement.

— Eh! eh! ça se pourrait, dit le gendarme.

— Quant à vous, vous irez à l'échafaud si mademoiselle de Lavery est morte; au bagne pour vol de confiance, si vous vous êtes contenté de vous approprier ses biens par des faux.

Depuis quelque temps le garde Antoine donnait des signes d'inquiétude visibles.

— Où diable est passée Jeannette? demanda-t-il. Je ne vois plus cette petite.

— Puisqu'elle est la complice de l'autre! dit le régisseur. Elle est partie avec lui.

— Allons, vous devenez fou, dit Nadief. Cette enfant a vu Raoul pour la première fois aujourd'hui.

Antoine se grattait le front.

Quand Antoine se grattait le front, une idée en jaillissait, bonne ou mauvaise.

— Savez-vous mon opinion? fit-il.

— On ne vous la demande pas, dit Billotte.

— Si fait, si fait! dit le brigadier.

— Eh bien! dit Antoine encouragé, je crois que Jeannette était la nièce du patron.

— Voilà qui est singulier! fit le brigadier.

— D'où venaient vos soupçons? demanda Nadief ravi de la tournure des choses.

— Jeannette ressemblait comme deux gouttes d'eau au portrait de feu la comtesse.

— Je comprends tout! s'écria Nadief, comme s'il venait seulement de découvrir ce qu'il savait fort bien.

Il expliqua par supposition, moins la violence subie par Jeanne, comment les choses avaient dû se passer, et il fit passer sa conviction dans l'âme des gendarmes

Le brigadier résuma la situation :

— Pour l'instant, dit-il, notre devoir est d'arrêter M. Raoul, si nous le trouvons.

— C'est vrai, dit Nadief.

— La justice verra ce qu'elle en fera.

— Raoul doit être loin.

— C'est incontestable. S'il cherche à fuir, il a plusieurs heures d'avance sur nous.

— Nous ne le rattraperons pas, ajouta le gendarme à l'appui de son chef.

— Donc, nous ferons notre rapport tout simplement à M. le procureur du roi.

— Vous y mentionnerez, dit Billotte, que cette petite Jeannette a aidé son prétendu frère à me bâillonner.

— On mettra tout ce que vous direz, maître Billotte, dit le brigadier; mais nous serons obligés aussi de mettre bien des choses sur votre compte, malheureusement.

— Tout ce que vous voudrez! Je suis blanc comme neige, et je n'ai peur de rien : on plaidera.

Sur ce mot, Billotte, un peu remis, se leva.

— Restez tant que vous voudrez, brigadier, dit-il; vous êtes ici comme chez vous.

Et avec haine :

— Quant à ces gens-là, qu'ils f...... le camp de chez moi, et tout de suite.

Les chasseurs eurent tous un mouvement de fureur, que Nadief contint d'un regard.

— Monsieur, dit-il, nous quittons ce pavillon pour vous y laisser en paix, vous êtes blessé.

— Vous faites bien de filer !

Et le régisseur menaça Nadief du geste.

Celui-ci continua, imperturbable :

— Mais nous allons nous installer au château ; Raoul en est propriétaire ; nous avons reçu son invitation, et ce n'est pas un drôle de votre espèce qui nous en chassera.

Puis à Antoine :

— Des lumières, et conduis-nous, dit-il.

— Si tu bouges, je te chasse, toi, fit Billotte.

— Je ne suis pas à votre service, mais à celui du comte, dit le garde insolemment.

— Gredin ! s'écria Billotte.

— Gredin vous-même !

Et le garde fit signe à ses nouveaux amis de le suivre.

Le régisseur demeura seul avec les gendarmes.

— Est-ce que vous allez m'abandonner à la discrétion de ces gens-là ? demanda-t-il.

— Non ! firent les gendarmes, quoique ce soient des personnages on ne peut plus distingués.

Le brigadier, faisant son plan, dit :

— Je demeurerai près de vous ; mon gendarme va s'en aller prévenir le procureur du roi, et moi je m'installe ici, près de vous ; en passant au bourg, on vous amènera un médecin.

Cette combinaison ne parut pas être du goût de maître Billotte, qui méditait quelque chose.

— Je souffre bien! dit-il.

— Un pansement vous soulagera, répondit le brigadier; dans une demi-heure, le docteur sera ici.

Billotte soupira.

— Si vous étiez complaisants, vous attelleriez ma carriole, et votre gendarme me conduirait au bourg.

— Vous serez cahoté.

— Qu'importe! J'arriverai plus vite.

— Ça envenimera votre plaie.

— Je ne pense pas; je suis blessé à l'épaule.

— Au fait, à votre aise!

Et les gendarmes sortirent.

Quand ils eurent disparu, Billotte laissa paraître sur sa physionomie un sourire radieux.

— Que je puisse faire vingt lieues, murmura-t-il, et tout est sauvé!

Cinq minutes après Billotte partait tout blessé qu'il était.

Il revint dans la journée suivi d'une femme d'un certain âge et d'une jeune fille voilée.

Le procureur du roi était au château, interrogeant les chasseurs et verbalisant; son arrivée fut un coup de théâtre.

— Voici ma nièce et la respectable institutrice qui l'élève depuis l'âge de quatre ans, dit-il, en présentant au procureur du roi une jeune fille dont la ressemblance avec Jeannette était frappante ; celle-ci, présente sous son déguisement, n'osait dire un mot.

D'où venait cette fausse héritière des Lavery ?

C'est ce que Billotte seul savait.

Le magistrat dut admettre les déclarations catégoriques de l'institutrice ; la jeune fille, confrontée, du reste, avec le portrait de la comtesse, fut déclarée sa fille par les gendarmes eux mêmes, revenus de leurs préventions contre le régisseur.

Les chasseurs décontenancés, Jeanne indignée, assistaient à toute cette scène, sentant bien tout ce qu'elle avait de menaçant contre Raoul, impuissants toutefois à conjurer le danger.

Le procureur du roi reçut les déclarations de tout le monde, y compris celles de Nadief, qui s'attacha surtout à jeter adroitement quelques doutes dans son esprit.

Par malheur, il n'y réussit que fort incomplètement.

Billotte fit un chef-d'œuvre.

— Monsieur, dit-il à Nadief, M. le procureur du roi semble vous considérer comme un homme digne de croyance; hier, dans le premier moment, je vous ai été désagréable.

— Oh! si peu! fit Nadief railleur.

— N'importe, acceptez mes excuses!

— Le finot! pensa le chasseur.

Le régisseur reprit :

— Si le jeune homme qui m'a frappé est bien mon neveu, allez à sa recherche, dites-lui que sa sœur, sa vraie sœur, est ici, que je lui pardonne, que l'affaire n'aura pas de suites, que j'abandonnerai ma plainte.

— Impossible! dit le procureur du roi.

— Ah! mon Dieu!

— L'instruction est commencée.

— Ainsi, ce serait mon vrai, mon cher neveu, que je ne pourrais obtenir qu'on le laissât tranquille!

— Non, monsieur.

Billotte versa une larme de crocodile.

Dès lors, tout fut dit.

Le procureur du roi crut à la bonne foi de ce gredin, et lui fut acquis; sa religion était trompée.

Nadief le comprit.

— Monsieur, lui dit-il, nous n'avons plus rien à faire ici, ni moi, ni mes compagnons, permettez-nous de continuer notre voyage; nous nous tiendrons à la disposition de la justice?

— Allez, messieurs!

Après cet exeat, la caravane se mit en route.

Et Billotte la voyant partir se frottait les mains en murmurant :

— Quelle fameuse idée de m'être préparé en ce cas pour substituer Louisette à cette drôlesse de Jeanne ! Me voilà sauvé et mon neveu perdu !

« Je vais me guérir, me mettre à ses trousses, le dénoncer indirectement quand je l'aurai trouvé, le reconnaître comme un aventurier et un faux Lavery et le faire condamner.

« Alors, à moi l'avenir !... »

FIN DU TOME PREMIER

Paris. — Typ. Collombon et Brûlé, rue de l'Abbaye, 2

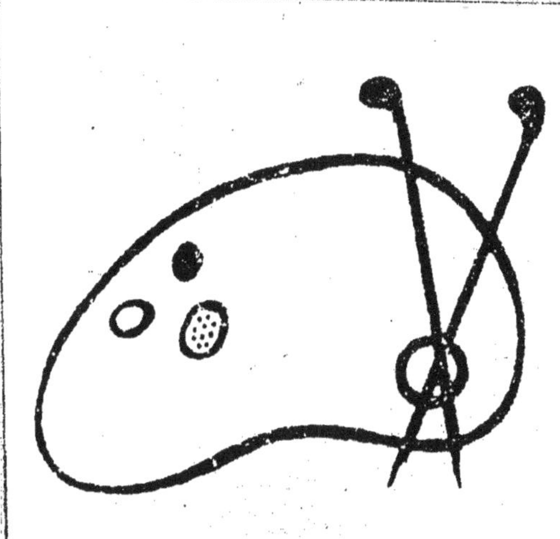

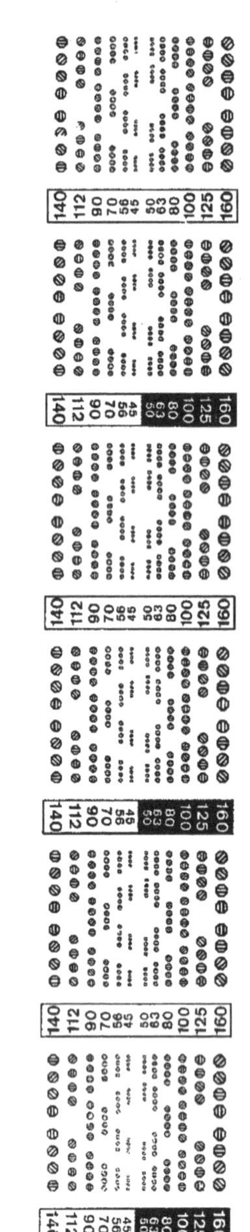

MIRE ISO N° 1

NF Z 43-007

CONTRÔLE :

AFNOR

Cedex 7 92080 PARIS LA DÉFENSE

RAPPORT 12

www.ingramcontent.com/pod-product-compliance
Lightning Source LLC
Chambersburg PA
CBHW060800110426
42739CB00032BA/2345

* 9 7 8 2 0 1 1 8 8 0 4 3 7 *